천국문명을 건설하는

마테오
리치

증산도 상생문화총서 2
천국문명을 건설하는 마테오 리치

초판발행	2008년 7월 10일
초판2쇄	2008년 7월 25일
초판3쇄	2010년 2월 23일
초판4쇄	2010년 2월 27일
지은이	양우석
펴낸이	안중건
펴낸곳	상생출판
주소	대전시 중구 선화동 289-1번지
전화	070) 8644-3161
팩스	042) 256-9308
E-mail	sangsaeng@jsdmail.net
출판등록	2005년 3월 11일 (제175호)
배본	대행처/대원출판

ISBN   978-89-957399-3-8 04080
값 6,500원

천국문명을 건설하는

마테오 리치

차례

들어가는 말

제1부 마테오 리치와 동서 문명의 교류

천국문명을 건설하는 **마테오 리치**

제2부 근대 문명의 명암과 신문명의 비전

서기 1600년, 중국의 명대 만력 28년, 르네상스 유럽의 자연과학적 전지식과 중국 사서오경의 학문을 한 몸에 갖춘 인간이 인류 문명사가 시작된 이래 처음으로 지구상에 모습을 드러냈다. 그가 바로 베이징의 명 궁정으로 들어가 만력제를 알현하려 했던 이탈리아인 예수회 선교사 마테오 리치이다. – 히라카와 스케히로

들어가는 말

세상은 고통으로 가득하지만, 한편 그것을 이겨내는
일로도 가득 차 있다. — 헬렌 켈러

　아득한 옛날 그리스의 신화는 하나뿐인 지구를 가이아(Gaia)
라 하여 대지의 어머니로 불렀다. 인간과 만유 생명이 태어나
몸담고 살고 있는 어머니 땅. 그런데 지금 이 지구가 마치 심한
몸살로 발열을 하듯 이상 고온 현상을 일으키며 고통스럽게 몸
부림치고 있다. 지구는 살아남기 위한 최후의 방편인 듯, 온몸
을 떨어 고강도의 지진을 일으키는가 하면, 거대한 화산을 폭발
시키며, 홍수와 폭우로 온갖 더럽고 유독한 것을 씻어내려고 안
간힘을 다하고 있다. 또한 아프리카를 비롯한 여러 지역은 극심
한 가뭄으로 땅이 쩍쩍 갈라지고, 아무 쓸모 없는 사막의 땅으
로 변해가고 있다. 인간이 개발이라는 미명 아래 그 생살을 마

구 파헤쳐 여기저기 시뻘건 상처가 드러나 있고, 산업문명의 찌꺼기로 인한 부스럼이 사방에 퍼진 사나운 몰골을 하고 있다.

지구 온난화로 인해 기후가 바뀌고 극지방의 빙하가 녹아내려 해수면이 급격히 높아지면서 지구의 숨통은 급격히 조여들고 있다. 이러한 정황들은 참으로 가슴 아프고 두려운, 거부할 수 없는, 눈앞에 닥친 우리의 현실이다.

최근 한 시인은 지구가 처한 심각한 상황을 이렇게 경고하였다.

> 생명을 갖고 살아 숨쉬고 존재하는
> 푸르름의 혹성 '가이아'가 병들고 있다.
> 오존층의 파괴, 삼림, 열대 우림의 감소와 사막화의 진행.
> 생물 종자원의 소실, 산성비, 해양 오염,
> 개발도상국에의 공해 수출, 유해 폐기물의 월경(越境) 이동.
> 지구의 온실화, 컴퓨터의 이상,
> 이렇듯 상호 관련된 지구 생태계의 파괴는 계속된다.
> ……
> 하늘에서 노기 띤 음성이 들려왔다.
> "오대양 바닷물이 뒤집어지고
> 대서양 맨틀이 꿈틀거린다.
> 너희는 자각해야 하리라. 지구의 아픔을.
> 인내의 끝이 다가오고 있음을 열린 자들은 들으리라.

지구가 고통 속에 신음하는 소리를 ..."(지자경,『지구의 분노』)

또한 현대 독일의 선구적인 철학자 회슬레(V. Hösle, 1960~)는 오늘날의 생태학적 위기야말로 지구와 인간의 최후 운명을 결정짓는 절박한 문제이며, 바로 그렇기 때문에 철학적으로 가장 중차대한 문제임을 역설한 바 있다. 비단 생태학적 위기만이 문제이겠는가.

최근 로마 가톨릭 교황청은 지구 온난화를 유발하는 환경오염은 물론 유전자 조작을 위한 각종 과학 실험 및 마약 거래, 소수에 의한 부의 축재, 낙태, 소아 성애(性愛) 등이 씻을 수 없는 인류의 죄악이라고 선언했다. 이 밖에도 경제 위기, 전쟁, 기아, 폭력, 질병, 도덕적 해이와 무질서도 매우 심각하다.

지금까지 수많은 종교가와 철학자, 문학자, 사상가들이 나름대로 현대 문명의 문제점과 이에 대한 대안을 모색해 온 것이 사실이다. 그러나 이들의 반성과 대안 제시는 일정한 한계를 넘어서지 못했고, 단지 '이래야 마땅하다'는 당위론의 수준을 벗어나지 못했다.

과연 그 해결책은 무엇일까?

의학에서도 모든 질병은 그 원인을 알아야 치유가 가능하다.

마찬가지로 현대문명이 가져 온 모든 병폐를 치유하기 위한 방법을 찾기 위해서, 현대 문명이 시작되었던 그 시대로 거슬러 올라가는 사색의 여행을 떠나고자 한다. 이것은 우리가 지금까지 알아 온 역사의 지평을 넘어서 멀리 신의 세계까지도 넘나드는 흥미진진한 여정이기도 하다.

동양이 서양의 강대국들에 의해 침탈당하던 19세기 중엽, 동방의 조선 땅에 범상치 않은 인물이 출현하였다. 바로 전라도 고부에서 태어나 39년의 짧은 삶을 살다 간 강증산(姜甑山, 1871~1909)이다. 지금까지 세인들은 그 사람을 동방 조선 땅의 종교적 선각자로만 알고 있을 뿐이지만, 그는 인류 역사에 새 지평을 열어 위기에 처한 이 지구촌에 강력한 희망의 새 소식을 전하였다.

강증산은 스스로를 우주의 주재자인 상제(上帝), 기독교에서 말하는 하나님, 불교에서 예고한 미륵불이라고 선언했다.

증산 상제는, 현대 문명이 발달한 과정과 배경, 그리고 그로 인해 위기에 빠진 인류를 건지기 위해 자신이 인간으로 오기까지 신명계에서 역사했던 한 인물을 밝혀 주었다.

곧 서양사람 이마두. 그의 본명은 마테오 리치(Matteo Ricci, 1552~1610)이다. 일반적으로 마테오 리치는 로마 가톨릭 교회의 예수회 신부로서 중국에 기독교를 전파한, 『천주실의(天主實義)』

의 저자로서 널리 알려져 있다. 그런데 『도전』은 리치 신부에 대해 놀랄 만한 평가를 한다.

> 이마두(利瑪竇, 마테오 리치)가 천국을 건설하려고 동양에 왔으나 정교(政敎)에 폐단이 많이 쌓여 어찌할 수 없음을 깨닫고 죽은 뒤에 동양의 문명신(文明神)을 거느리고 서양으로 건너갔느니라. 이마두의 공덕이 천지에 가득하니 신명계의 영역을 개방하여 동서양의 신명들을 서로 자유롭게 넘나들게 한 자가 이마두니라. 선천에는 천지간의 신명들이 각기 제 경역(境域)을 굳게 지켜 서로 왕래하지 못하였으나 이마두가 이를 개방한 뒤부터 지하신(地下神)이 천상에 올라가서 천국의 문명을 본떠 사람들의 지혜를 열어 주었나니 이것이 오늘의 서양 문명이니라.(『도전』4:13:1~6)

여기서 리치의 업적은 두 가지로 정리된다. 첫째, 막혀 있던 동서 문명의 장벽을 허물고 문명 교류의 물꼬를 텄다는 것, 둘째, 천지간의 신들을 서로 왕래하게 하고 천국 문명을 본떠 내려서 지상의 문명을 크게 발달시켰다는 것이다. 이것은 마테오 리치에 대한 지금까지의 일반적 평가에서 알 수 없었던 새로운 점이다.

여기에 더욱 놀라운 사실은 증산 상제가 리치 신부의 공덕을 크게 인정하여 그를 신명계의 주벽으로 삼았다는 것이다. 리치 신부는 지금도 천상에서 증산 상제를 보좌하여 앞으로 열릴 후천선경 건설에 역사(『도전』11:124)하고 있다는 것이다. 그는 과거 속에 사라진 역사상의 인물에 그치는 것이 아니라 현재와 미래에도 인류의 행복을 위한 헌신과 활동을 멈추지 않는 살아있는 인물이다.

그런데 이 마테오 리치의 노력에 의해 발달한 문명으로 인해 근대인의 삶은 질적으로 비약했으나 동시에 인간의 교만과 잔악함을 길러냈다. '물질과 사리에만 정통한' 물질주의, 과학주의로 말미암아 신도의 권위가 추락하고 인간의 무도로 인해 하늘도 땅도 인간도 깊이 병들었다. 인간 문명계와 자연계는 물론, 하늘나라 신들의 세계도 커다란 혼란과 고통으로 신음하게 되었다.

그리하여 증산 상제는 천상 보좌에서 이마두 신부를 비롯한 모든 성자들, 부처와 보살들이 그에게 와서 인류를 구원해 달라고 외치는 절박한 호소를 듣고 차마 뿌리치지 못하여 인간의 몸으로 이 세상에 내려오게 되었다(『도전』2:17)고 했다.

리치 신부는 천지신명들을 이끌고 천상의 상제에게 가서 지상으로 강세할 것을 하소연한 신명계의 우두머리였던 것이다.

그러면 세상에서는 마테오 리치에 대해 어떻게 말하고 있는가?

증산도의 경전인 『도전』(2003) | 증산 상제와 그의 반려자인 태모 고수부의 행적과 가르침을 담고 있다.

일찍이 단자론자(單子論者)로 잘 알려져 있으며, 중국의 역학(易學)에 지대한 관심을 갖고 이를 바탕으로 이진법을 제창한 라이프니쯔(G. W. v. Leibniz, 1646~1716)는 리치를 일컬어 "이성에 바탕을 둔, 상이한 문화 간의 만남과 대화의 모범"이라 평했다. 20세기 후반의 프랑스 비교철학자 제르네(J. Jernet)는 리치를 단지 중국 선교사로만 파악하는 좁은 시야를 비판하고 상이한 문명과 사상을 만나게 한 인물로 보아야 한다고 강조했다. 최근에는 세계적인 리치 연구가인 일본의 히라카와 스케히로 또한 이런 맥락에서 리치를 "최초의 세계인"으로 파악해야 한다고 역설했다.

리치를 이렇듯 동서양의 문명 교류를 위해 헌신하여 막대한 영향을 끼친 인물로 평가하는 것은 그를 단지 기독교 선교사로

동서양 문명 교류의 물꼬를 튼
마테오 리치 신부

보는 지금까지의 일반적인 견해를 뛰어 넘는 것이다.

하지만, 그동안 역사와 문명의 본질을 연구하는 학자나 종교가들 가운데 리치의 공덕으로 지하신이 천상에 올라가 천국의 발달된 문명을 지상에 이식하게 되었다는 사실을 아는 사람은 아무도 없었다. 현실 세계의 이면에서 작용하는 신도 세계를 이해할 만한 학자도 없을 뿐 아니라, 일찍이 신도에 대해 명쾌하게 밝혀 준 사람도 없었기 때문이다.

리치가 죽어서 신명이 되어서도 인류 문명을 발전시키기 위해 역사(役事)를 했다는 통찰은 분명 현대 문명의 본질을 파악하는 데 있어 전인미답(前人未踏)의 새로운 관점이리라.

마테오 리치의 상(像)은 증산 상제의 평가에 의해 새롭게 형성되었다. 이전까지의 이해가 주로 역사의 지평에 머물러 있었다면, 이 글 속에 등장하는 리치는 시공의 세계를 초월한 신인(神人)의 모습이다.

이로써 인류는 그동안 문명사를 서술해 온 물질주의와 과학주의의 시각을 넘어서서, 물질과 정신, 인간과 신도의 총체적 인식을 바탕으로 하는 새로운 역사 기술(記述)의 장을 열게 되는 것이다.

제1부에서 현대 문명의 숨은 개척자 마테오 리치에 대한 전기(傳記)적 스케치와 동서양의 문명 교류에 끼친 그의 업적을 객관적으로 정리할 것이다. 다음으로 제2부에서 그의 사후에 전개된 지상 문명의 발전과 그 병폐를 살펴보고, 나아가 인류가 이러한 현대 문명의 위기에서 벗어날 수 있는 가능성에 대해 깊이 천착해 보고자 한다.

제1부

마테오 리치와
동서 문명의 교류

서방에서 온 현인

마테오 리치는 서양 문화와 동아시아 문화를 처음으로
한 몸에 갖춘 '최초의 세계인'이라 할 수 있다.
― 히라카와 스케히로

중국으로 대표되는 동양 세계와 서양이 교류하기 시작한 것
은 멀리 기원전으로 거슬러 올라간다. 로마 시대 귀족들은 중국
의 비단으로 사치를 즐겼다. 그러나 로마 제국이 쇠퇴하면서 동
서 교역의 해로(海路)와 비단길은 끊어져 버렸다.

그 이후 유럽은 이슬람의 압박과 몽고군의 침입에 위협을 느
낀 나머지 중국 원(元) 조정에 사신을 파견했다. 13세기에 이르
러 로마 가톨릭 교회의 프란체스코회는 원나라에 교회를 세울
정도로 교류가 자못 활발했다. 『동방견문록』의 저자 마르코 폴
로(Polo Marco, 1254~1324)는 바로 이 시기에 17년간 원나라 조정
에서 활동한 대표적 인물이다.

16세기에 유럽 선교사들은 콜럼버스, 바스코 다 가마, 마젤란 등이 개척한 신항로를 따라 여행하면서 대양을 항해할 수 있는 커다란 선박이나 나침반과 같은 문명의 이기를 이용했다. 마테오 리치를 비롯한 예수회 선교사들이 중국으로 건너간 시기는 원이 멸망하고 명(明)의 지배가 시작된 지 2세기가 지난 뒤였다. 당시에는 이미 원나라 시절에 세워졌던 기독교 교회가 흔적도 없이 사라진 뒤였다. 외국인을 우대하던 원과는 달리 명은 외국인의 입국을 불허했다. 그래서 예수회 선교사들은 천신만고 끝에 중국에 도착했는데, 그곳이 마르코 폴로가 말한 카타이(Catai), 즉 거란과 동일한 땅이라는 것은 알지 못했다. 중국에 대한 아무런 지식도 갖지 못한 선교사들에게는 중국이 미지의 처녀지나 다름없었다. 마테오 리치 신부가 비로소 서양에서 알고 있는 카타이는 중국과 단지 이름만 다를 뿐 사실은 동일한 곳임을 밝혀냈다.

리치 신부는 외국인으로서는 처음으로, 원칙적으로 외국인의 입국을 불허하는 명나라에 들어가 갖은 고초를 이겨내며 선교 활동을 시작했다. 그는 아메리카나 아프리카의 선교사들과는 달리 현지의 토착 문화를 존중하는 선교 정책을 썼다. 동서의 이질적인 문화를 그 차이보다는 공통점에서 이해하고자 했던 것이다. 이러한 그의 '문화적응주의'적 사고는 오늘날의 비교문화사적 관점에서도 본받을 만한, 성숙한 것이었다. 왜냐하면 리치 이전의 동서 문명 교류는 단지 상대방을 이용하거나 착취하려는 일방적인 것에 지나지 않았기 때문이다. 사실 마르코 폴로 이후의 유럽인들이 동방을 향하여 항해한 것은 단지 황금을 찾기 위한 것이었다. 그러므로 진정한 의미에서 동서의 두 문명이 교류할 수 있는 기반을 닦은 이는 마테오 리치라고 할 수 있다.

마테오 리치는 과연 누구이며, 어떻게 동서양 문명 교류와 새로운 문명 건설에 기여하였을까. 우선 그의 삶의 궤적을 추적해 본다.

선교사가 되기까지

출생과 성장

지금부터 약 450여 년 전인 1552년 10월 8일 이탈리아 교황령의 소도시 마체라타(Macerata, 마르케주州 소재)에 한 사내아이가 태어났다. 그 날은 마침 성녀 브리짓(St. Bridget)의 축제일이었으며, 아기가 태어난 그 시각에 토성이 지평선에 머물고 천칭궁(天秤宮) 자리가 한 중간에 와 있었다. 점성가들은 이것을 길조라 하

교황이 직접 통치하는 교황령 | 서기 590년 교황 그레고리 1세에서 시작하여 부침을 거듭하다가 1808년 프랑스에 병합되고 그 반세기 후 다시 이탈리아 왕국에 병합되었다. 로마 시내에 있는 현재의 바티칸 시국(市國)은 1929년에 탄생했다.

며 이때 태어난 아이가 장차 귀인이 될 것이라 예언했다.

　그 아이의 이름은 마테오 리치. 그의 아버지 조반니 바티스타 리치(G. B. Ricci)는 약국을 경영하는 한편, 시청에서 지방 행정을 맡고 시장 직을 역임하기도 했다. 아이들이 13남매나 되었으므로 어머니는 리치를 할머니에게 맡겼다.

태어날 때 세례를 받은 리치는 어릴 때 가정교사인 벤치베니(N. Bencivegni) 신부에게서 영적인 훈련을 받고 기도 생활을 몸에 익혔다. 이런 환경에서 자라면서 자연스럽게 그는 성직자가 되기를 소망했다.

리치는 가톨릭 교회의 선교 단체인 예수회(Society of Jesus)에서 설립한 학교를 다녔다. 그는 여기서 라틴어와 헬라어 등을 연상에 의한 기억법으로 익혔다. 이 기억법은 리치의 삶에서 매우 중요한 역할을 하게 된다. 후일 중국에서 선교 활동을 할 때 『기법(記法)』이란 저술을 했으며, 많은 중국인들이 리치의 기억법을 배우기 위해 몰려들었던 것이다.

기독교 문화의 심장, 로마로

16세가 되던 1568년, 공부를 마치자 리치는 아버지 뜻에 따라 로마에서 법학을 공부하게 되었다. 그러나 1571년에는 법학 공부를 중단하고 스승 벤치베니가 그 회원이기도 한 예수회에 가입하였다. 예수회란 어떤 단체였던가?

리치가 공부하던 16세기 중반, 유럽의 기독교는 신교와 구교로 분열되어 있었다. 그런데 신교의 루터와 쯔빙글리, 칼뱅이 주도하는 종교 개혁으로 인해 가톨릭 교회의 권위가 심각한 손

이탈리아 교황령의 마체라타 시 | 동쪽은 아드리아 해(海)에 면해 있다. 시의 북동쪽 30km에 위치한 로레토(Loreto)는 '천사들이 나사렛의 예수가(家)를 옮겨온 곳'이라는 성담(聖談)이 전한다.

상을 입게 되었다. 예수회는 이 위기를 타개하기 위해 해외 선교 운동을 전개할 목적으로 조직된 단체였다. 스페인 출신의 로욜라(I. Loyola, 1491~1556)가 1534년 사베리오(F. Xaverius, 1506~1552) 등 6명의 동료들과 함께 결성하였다.

예수회란 '예수처럼 살고자 하는 사람들의 모임' 이란 뜻이다. 그들은 영성 수련을 통해 하느님과 인류에게 봉사한다는 기치 아래 청빈, 정결, 순명이라는 세 가지 서원을 하며, 시대에 맞지 않는 구습을 과감히 폐지하고 새로운 생활양식을 채택했다. 또한 전 인류를 구원하기 위해 세계 어느 곳이든, 무슨 일이든 즉시 달려가서 행할 수 있는 즉응성(即應性)을 중시했다. 특히 교회의 최고 지도자인 교황의 명령에 절대적으로 순종하는 군대적 명령 체계를 가지고 있었다.

그리하여 예수회는 당시 새로 발견된 동양과 아메리카 대륙에 기독교를 포교하는 데 크게 이바지했다. 아울러 이탈리아와 독일 등 유럽 지역에 많은 대학을 설립해 갈릴레이와 데카르트를 비롯한 걸출한 인물들을 배출하여 근대 문명을 꽃피우는 데도 중요한 역할을 했다.

예수회를 나타내는 성화

이냐시오 로욜라(I. Loyola, 1491~1556) | 스페인 출생. 1534년 동료들과 예수회를 조직하여 카톨릭 교회를 부흥시키고자 했다. 1541년 예수회 총장이 되었으며, 군대적 규율로 회원들을 훈련시켰다.

사베리오(F. Xaverius, 1506~1552) | 스페인 출생. 1534년 로욜라와 함께 예수회를 창립. 1541년 이후 인도, 스리랑카, 몰로카스 제도, 일본 등지에서 선교 활동.

예수회에 가입한 해에 리치는 예수회 소속 성 안드레아 수도원의 수사(修士)가 되었다. 그곳에는 후일 동양 선교의 책임자가 되는 발리냐노(A. Valignano) 신부가 사감으로 있었다. 리치는 하느님께 생애 처음으로 엄숙하게 서약을 했다. "세상의 명리를 버리고 하나님의 영광과 복음 선교를 위하여 어느 나라에서든 살겠습니다."

그러나 리치가 수사가 되는 것은 아버지의 뒤를 이어 마체라타 시장 직을 계승해야 하는 장자의 임무를 저버리는 것이기도 했다. 화가 난 아버지는 아들의 결정을 되돌리고자 로마로 향했으나 도중에 고열로 쓰러지는 바람에 이 모든 일이 결국 하느님의 뜻임을 깨닫고 고향으로 되돌아갔다.

엄격한 계율 아래 영적 훈련과 기도 생활을 통해서 리치는 하느님의 사랑과 성스러운 소명을 확신하고 몸과 마음을 바쳐 하느님께 순종하기로 결심했다. 이듬해에 대학으로 돌아가 학업을 계속했는데, 어떤 책이든 한 번 읽으면 모조리 외울 수 있는 비상한 기억력을 가지고 있었다. 리치는 독일 출신의 클라비우스(Ch. Clavius) 교수에게 기하학, 천문학, 역학 등을 배웠다. 또한 해시계, 자명종, 지구의 등의 제작법도 전수받았다. 이는 훗날 중국 선교에 요긴한 밑거름이 되었다.

동양 선교의 꿈을 안고

대학 과정을 마친 리치는 가족과 지역 사회 그리고 국가, 나아가 대륙을 넘어서서 인류를 사랑하겠다는 원대한 포부가 가슴 속 깊은 곳에서 꿈틀대고 있음을 느꼈다. 그가 생각한 최상의 삶이란 바로 지적 추구와 실천적 행동을 겸한 선교사의 생활이었다. 그러나 선교사는 엄격한 선발 기준에 따라 영적으로, 지적으로, 육체적으로 뛰어난 사람이라야 했다. 몇 번의 실패를 겪은 후, 리치는 마침내 1576년 인도에 파견될 선교 요원으로 선발되었다.

이듬해에 리치는 포르투갈 식민지인 인도의 고아(Goa)로 건너가기 위해 리스본으로 갔다. 포르투갈 국왕 세바스치앙 (Sebastion)은 그 당시 외국에 파견되는 가톨릭 교회의 선교사를 물심양면으로 돕고 있었다. 출발을 기다리며 포르투갈 북부에 있는 코임브라(Coimbra)대학에서 6개월간 신학과 포르투갈어를 배웠다. 1578년 3월, 리치는 동료 예수회원 13명과 함께 일찍이 대 항해가인 바스코 다 가마(Vasco da Gama, 1460~1524)가 역사상 처음으로 인도를 향해 닻을 올렸던 바로 그 항구에서 고아를 향해 출항했다.

리치가 탄 배는 900톤 급 화물선 성 루이즈 호였는데, 군인과 상인, 모험가 등 500여 명의 승객, 그리고 같은 예수회 소속의 루기에리(M. Ruggieri)도 함께 타고 있었다. 그는 나폴리대학 출신의 법학 박사였으며 후일 리치와 함께 선교사로서 일하게 된다.

그런데 그 선박에는 약품도 없었다. 항해를 하는 6개월 동안, 찌는듯한 무더위와 함께 물과 식량 부족, 불결한 위생 상태로 말미암아 온갖 환자들로 넘쳐났다. 사망자도 속출했는데, 시체는 그대로 바다에 던져져 수장되었다.

갖은 고초를 겪은 후 그 해 9월에 마침내 서인도의 중심지 고아에 도착했다. 섬의 북쪽 언덕에 자리 잡은 시가지에는 모슬렘, 힌두교도, 아프리카 흑인, 인도네시아 상인 등이 뒤섞여 있었다.

고아에는 일찍이 사베리오가 프란치스코회의 도움으로 건립한 성 바오로 신학교가 있었다. 리치는 그곳에서 미처 마치지 못한 신학 수업을 계속했다. 그러나 고아에서 선교를 하게 된 그는 복음 선교에 대해 가졌던 그의 이상과 현실의 심각한 괴리 때문에 충격을 받는다. 포르투갈 당국은 저열하기 짝이 없는 제국주의적 문화 정책을 펴고 있었으며, 기존의 기독교 선교도 그 테두리를 벗어나지 못했던 것이다.

1510년 포르투갈은 고아를 점령하여 군대를 주둔시키고 동남아 및 중국과 무역하는 항로의 중심지로 삼았다. 고아의 포르투갈인은 많은 현지인을 노예로 거느리고 있었으며 또한 그들을 매매까지 하고 있었다. 현지인의 제도, 습관, 신분 등을 일방적으로 무시하였고, 그들을 평등한 인간으로 인정하지도 않았다. 포르투갈인은 현지인을 모두 강제로 개종시켰으며 이교도임이 드러나면 재판도 없이 처형해 버리는 일이 허다했다.

리치는 토마스 아퀴나스(Th. Aquinas, 1225~1274)의 『신학대전』에 나오는 "신을 믿지 않는 자는 필히 권고하여 입교시켜야 한다. 그러나 무력으로 해서는 안 된다. 오직 모범으로 설득해야 한다."는 구절을 상기했다. 1575년에 이미 인도에 당도하여 동양 선교의 기초를 닦은 발리냐노 신부는, 개종이란 무력이 아닌 사랑을 통해서 이루어져야 하며, 이는 우선 현지인의 언어를 습

득함으로써 가능하다는 선교 방침을 하달했다.

리치는 갑자기 바뀐 낯선 환경으로 말미암아 한 달간을 심하게 앓았다. 그리고 1579년 11월에는 요양 차 남쪽으로 600킬로나 떨어진 코친(Cochin)으로 떠났다. 코친은 인도 기독교의 요람이었다. 이곳에 도착한 그는 얼마 후 사제 서품을 받아 드디어 신부가 되었다.

그가 1년을 코친에서 보내고 다시 고아로 돌아와 신학 공부를 거의 끝내 가고 있을 무렵, 중국 선교를 위해서 마카오로 와 달라는 발리냐노의 전언을 받았다.

중국 선교의 길

중국 선교의 전초 기지 마카오로

서른 살이 되던 1582년, 리치는 중국 해안 포르투갈 식민지인 마카오로 건너갔다. 주교인 발리냐노는 리치의 선배 루기에리(M. Ruggieri) 신부를 이미 마카오에 파견한 상태였다. 발리냐노는 1575년 인도에 당도하여 여러 가지 경험을 하고, 포르투갈 전진 기지인 마카오에서 중국인의 관습과 법을 연구한 바 있다. 그는 리치와 루기에리에게 중국어 공부를 시켰다.

발리냐노는 왜 외국인의 입국조차도 불허하는 중국 선교를 결심한 것일까? 발리냐노는 일본 선교에서 실패한 쓰라린 경험을 가지고 있었다. 그는 일본 선교를 위해서는 먼저 중국에 선교하지 않으면 안 된다는 결론에 도달했다. 일본인들은 중국 문화를 자기네의 모태 문화로 여기고 있었는데, 왜 아직까지 중국 선교가 이루어지지 않았는지 이해할 수 없다고 말했던 것이다.

리치는 중국어 공부에 두각을 나타냈다. 초보 수준을 크게 벗어나지는 못했지만, 비상한 기억력을 바탕으로 단 3개월 만에 3년을 연습한 루기에리와 어깨를 겨룰 정도가 되었다. 그는 중국의 정치, 경제, 풍속, 종교에 관해서도 연구했다.

중국 조경(肇慶)에 안착

당시 중국은 쇄국 정책을 쓰고 있었으므로 원칙적으로 외국인의 입국을 허용하지 않았다. 그런데 조경(肇慶)의 지부사(知府使) 왕반(王泮)은 리치가 수학에 능하고 지도와 자명종, 지구의 등을 제작할 수 있는 재능이 있다는 소문을 듣고 리치와 루기에리를 조경으로 초청했다.

당시 중국인들은 포르투갈이나 스페인 등 유럽에서 온 상인을 노략질이나 일삼는 '야만인'으로 여겼으므로 서양인을 몹시 경계했다. 그러나 포르투갈 상인들은 뇌물을 주고 이미 중국 경내를 드나들고 있었다. 리치와 루기에리는 승복에 챙이 넓은 모자를 꾹 눌러 쓰고 얼굴을 가린 채 민선을 타고 광주(廣州)를 통해 1583년 9월 10일 가까스로 조경에 도착했다. 그들은 언제 중국 관헌에게 체포되거나 추방될지 모른다는 불안과 악몽에 시달려야만 했다. 왕 지부사는 선하고 후덕해 보이는 인물이었으며 서양인인 리치 일행을 돕겠다는 쉽지 않은 약속을 해 주었다.

중국인은 오직 자신들만이 온 세상의 지혜를 가지고 있다고 믿었으며, 외국인을 모두 야만인으로 보았다. '중국'(中國)이란 국호부터가 세계의 중심에 위치한 나라라는 자부심을 나타내고, 중국인들이 즐겨 사용하는 '중화'(中華)란 말도 세계 문화의 중심에서 찬란히 피는 꽃이라는 뜻이다. 리치는 이 높은 중화주의의 벽을 넘어 새로운 진리를 전파하기 위해서는 무엇보다도 중국어를 배워야 한다고 느꼈다. 리치와 루기에리는 중국인 교사로부터 열심히 중국어를 배웠다.

그러나 중국어는 워낙 낯선 언어였고, 설상가상으로 지방마다 사투리가 심했다. 나중에 알고 보니 마카오에서 애써 배운 중국어는 표준어가 아니었고, 그마저도 상인의 언어로서 거의 무용지물에 지나지 않았다. 특히 동일한 글자라도 사성(四聲)에 따라 그 뜻이 달라지므로 이탈리아인으로서는 아무리 애를 써도 익히기 어려웠다.

어느 날 왕 지부사는 리치와 루기에리를 호출했다. 그는 원래 중국에서는 외국인의 체류를 불허하지만 특별히 광주 총독이 두 사람의 거주를 예외적으로 허락했으며, 이는 '사해동포'라는 중국의 전통적인 고훈(古訓)에 따른 것이라고 전했다. 두 사람은 까다로운 서약을 한 다음 겨우 중국 거주를 허가받을 수 있었다. 더 이상 서양인을 끌어들여서는 안 되며, 중국인의 옷을 입고 중국의 관습 및 중국 법을 준수해야 하며, 심지어 결혼을 하려면 중국 여자와 해야 하고 중화인으로서 천자(天子)의 신민이 되어야 한다는 등의 내용이었다.

왕 지부사는 또한 수많은 유생들의 반대에도 불구하고 리치 일행이 거주할 숙소 및 하느님을 경배할 교회당을 지을 택지를 제공했다. 유생들은 리치 일행을 포르투갈의 승려[番僧]로 오인하여 많은 오랑캐를 끌어들이지나 않을까 염려했던 것이다.

중국어의 학습 속도는 빨라졌으나 리치는 중국어에서 인격신 하느님(Deus)을 나타내는 개념을 찾을 수 없어 고민이었다. 이는 중국인 선교를 위해서는 필수적인 것이었기 때문이다. 그러다가 우연히 입교를 희망한 한 중국인 청년이 자신의 집에 조그만 제단을 만들고 벽에 '천주'(天主)라고 써 붙인 것을 보고 무릎을 치며 이 번역어를 받아들이기로 했다. '천'은 천지만물을 주재함을 뜻하지만 인격적 속성이 결여되어 있으므로 '주'를 통해서 하느님의 유일신적, 주재신적, 인격신적 개념이 완성되는 것으로 볼 수 있기 때문이었다.

당시 리치는 발리냐노로부터 일본에서는 불교승들이 일반인에게 존경을 받는다는 사실을 전해 듣고 중국에서도 상황이 유사할 것으로 속단했다. 그래서 불교 승려의 옷을 입고 삭발을 했다.

리치는 길에 버려진 병자들을 집으로 데려다 정성껏 간호하는 등 진심으로 현지인들을 위해 활동했다. 이러한 장면을 직접 목격한 왕 지부사는 감동했다. 그는 리치에게 '신선들로 꽃 피어나는 절'이란 뜻의 '선화사'(僊花寺)라는 순금 글씨의 현판을 보내왔고, 성당은 졸지에 절 아닌 절이 되어 버렸다.

중국 선비, 이마두

조경에서 추방당함

리치는 중국 체류를 허가받은 지 2년이 경과한 1585년에 이마두(利瑪竇)라는 중국식 이름을 지었다. 이것은 사실상 중국에 귀화한다는 것을 뜻하는 사건이었다. '리'(利)는 '리치'(Ricci)에서 따온 중국어 음사(音寫)인 것으로 보이지만, 중국어로 '리'는

'Ri'가 아니라 'Ly'이다. '마두'(瑪竇)는 '마테오'(Matteo)의 중국어 음사이다. 그는 또한 '서방에서 온 현자'라는 뜻의 '서태'(西泰)라는 별호로 불렸다. 이를 합쳐 '리서태마두', 혹은 '서태자'로 불리기도 했다.

1589년에는 신임 총독 유절제(劉節齋)가 조경에 부임했다. 그는 외국인 체류를 불허해 왔던 기존 방침에 따라 리치 일행을 마카오로 추방하였다. 리치에게는 그야말로 청천벽력과 같았다. 그는 한 편지에서 그때의 심정을 이렇게 토로했다.

"마치 높은 산에 큰 돌을 굴려 올리다가 정상에 도달할 무렵 돌이 다시 바닥으로 굴러 떨어지는 것과 같은 절망을 느낀다."

그런데 유절제는 갑자기 마음을 바꾸어 마카오를 향하던 리치 일행을 다시 조경으로 불러들였다. 사실 리치 일행을 추방한 그의 숨은 의도는 서양식으로 지은 성당과 사제관을 거저 차지하려는 것이었다. 그는 재산을 몰수하기 위해서 서승(西僧)을 쫓아냈다는 소문이 돌면 자신의 정치 생명에도 좋을 것이 없다고 판단했다. 그리하여 리치 일행을 추방하는 대신 다른 지방으로 갈 수 있도록 주선했다.

소주에 정착, 구태소와 만남

우여곡절을 겪은 후 간신히 소주(韶州)에 정착한 리치는 소주

지부사가 무료로 제공한 택지에 서양식이 아닌 중국식으로 성당과 사제관을 건립했다. 또 서양식으로 지으면 조경에서 그랬던 것처럼 중국인들의 호기심과 동시에 적개심을 유발할 수도 있다고 여겼기 때문이었다.

소주에서 리치는 본격적으로 중국의 문인들과 교류하기 시작했다. 이때 만난 사람 가운데 연금술을 배우겠다고 찾아온 구태소(瞿太素)라는 인물이 있었다. 리치는 그에게 천주교 교리와 수학, 기하학, 역학(曆學) 등을 가르쳤다. 전형적인 유학자인 구태소는 리치가 가르치는 논리적 추론법에 매료되었다. 리치 또한 그에게 사서오경을 배워 라틴어로 번역하고 주해하기 시작했다.

1592년, 리치가 소주에 온 지도 3년이 흘렀지만 기독교를 믿게 된 중국 신도는 100명을 넘지 못했다. 그 이유는 무엇이었을까? 리치는 선교에 유리할 것으로 여겨 처음부터 불교식 옷을 입고 불승의 행세를 했다. 그러나 알고 보니 당시 중국에서는 대체로 불승이든 도교의 도사든, 모두 우상이나 숭배하고 술수나 부리는 어리석은 사람들로 인식되어 있었다.

중국 문화를 공부하면 할수록 리치는 여러 가지 면에서 예수회 선교사가 유학자와 가장 유사하다고 생각하게 되었다. 공자의 가르침도 결국은 일신론(一神論)이며, 우상숭배를 배격하는 점이 기독교와 유사하다고 본 것이다. 그리하여 그는 불교식 옷에서 유학자의 옷으로 바꿀 것을 발리냐노에게 건의해서 마침내 허락을 받았다. 구태소가 적극적으로 권유한 것도 복장을 바꿀 결심을 하게 된 중요한 요인으로 작용하였다.

북경에서 황제 알현이 좌절됨

우연한 기회에 리치는 조경 출신의 병부시랑인 석성(石星)을 알게 되어 1595년에 그와 함께 북경행을 결심하게 된다. 석성은 임진왜란을 겪고 있는 조선에 파견할 명군을 거느리고 북경으로 가는 중이

전형적인 유자(儒者) 복장을 한 리치

었다. 리치는 석성과 함께 배를 타고 강을 거슬러 올라갔다. 그런데 항해 도중, 배들이 전복되어 리치도 급류에 휩쓸리게 되었다. 리치는 목숨을 걸고 인명을 구하기도 했으나 많은 노약자가 죽거나 실종되었다. 리치 역시 실신하는 등 숱한 죽을 고비를 넘기고 구사일생으로 살아났다. 석성은 리치를 위로하며 얼마

간의 여비를 주고는 리치와 헤어져 길을 바꾸어 육로로 북경을 향해 떠났다.

어렵사리 남경(南京)에 도착한 리치는 승려 옷을 벗어버리고 유림의 옷으로 갈아입었다. 또한 유자의 예절을 익혔으며 본격적으로 이마두(利瑪竇)라는 중국식 이름을 사용하였다. 리치는 북경행을 포기하고 남경에 거주하고자 했으나 끝내 허락을 받지 못했다. 그리하여 남경 입성을 포기하고 남창(南昌)으로 향했다. 이때 남창으로 가는 배 안에서 깜빡 졸다가 꿈을 꾸었는데, 꿈속에서 하느님을 만났다. 리치는 눈물을 흘리며 탄원했다.

"하느님, 당신이 저의 계획을 아시는데 이 어려운 사업을 왜 도와주시지 않습니까?"

하느님은 이렇게 대답했다.

"장차 북경과 남경 두 황도에서 너를 도와줄 것이다."

남창에 도착하자 리치는 여행 중에 알게 된, 석 병부시랑의 수행원 가운데 한 의생(醫生)을 방문했다. 그 의생은 리치를 위해 연회를 베풀었는데, 그 자리에 황족인 건안(建安)왕도 참석했다. 의생은 리치가 비상한 기억력을 가지고 있다는 사실을 여러 사람들에게 공표했다. 리치는 시집 한 권을 앞에서부터 모조리 외우고 다시 거꾸로 외웠다. 나아가서 서로 아무런 연관이 없는 글자를 오백여 자 적게 하고 이를 다시 외웠다. 이 기억법은 리치를 일약 유명인으로 만들었다.

건안왕은 리치를 왕궁으로 초대하여 환대하고 온갖 진귀한 선물을 주었다. 리치 역시 그에게 지구의, 천체의, 프리즘, 해시계 등을 선사했다. 리치는 그와 우의를 돈독히 다졌다. 그간 외국인에 대한 중국인들의 배타적 혐오 때문에 얼마나 깊은 상처를 입었던가. 건안왕과 맺은 두터운 우정은 이 상처를 말끔히 씻어 주기에 족했다.

이 무렵 상서(尚書) 왕충명(王忠銘)이 남경의 고위직을 얻어 북경으로 부임 차 남창을 통과하고 있었다. 리치는 전에 면식이 있던 그와 함께 장장 800킬로미터나 되는 운하를 거슬러 꿈에 그리던 북경을 향했다. 황제를 만나 중국 선교의 자유를 보장받기 위해서였다. 바로 이것이야말로 리치의 일차적 선교 목표였다. 그런데 북경에 당도하여 황궁인 자금성(紫禁城)으로 갔으나 황제의 알현은 하늘의 별을 따기보다 어려웠다. 황제는 후궁 비빈들과 수많은 환관들에게 둘러싸여 있었는데, 조정의 숨은 실세인 환관들은 막대한 뇌물을 주지 않으면 황제를 알현할 수 없게 했다. 리치는 결국 예물을 진상하지도 못한 채 2개월을 허송했다.

1599년 마침내 리치는 북경을 떠나 다시 남경으로 돌아왔다. 임진왜란이 끝난 이 즈음 외국인에 대한 남경인들의 태도는 한

결 누그러져 있었다. 리치는 남경에 있는 동안 종종 당대 최고 수준의 학식을 갖춘 사대부들의 예방을 받았다. 이미 리치의 학식과 성덕이 높다는 소문이 널리 퍼져 있었던 것이다. 리치는 하느님의 도움을 온몸으로 느꼈다.

리치는 남창에서 쌓은 경험을 바탕으로 서양의 발달된 과학과 수학을 사람들에게 소개했다. 중국의 전통적인 우주관에 따르면, 하늘은 둥글고 땅은 네모나다. 또한 세상에는 수화목금토(水火木金土)라는 다섯 가지 원소가 있는데, 이들의 상호작용에 의해서 온갖 변화가 나타난다고 보았다. 이에 대해서 리치는 지구는 둥글며 태양보다도 작다는 것, 천상에는 독자적인 위성을 가진 열 개의 행성이 있다는 것 등을 가르쳤다. 또한 『사원행론(四元行論)』이라는 책을 펴내 중국인의 불완전한 우주 관념을 바로잡고자 했다.

어느 날 당대의 유명한 화상 삼회(三淮)와 논쟁이 벌어졌다. 만물의 본원, 실재와 그 인식, 이미지와 복사물, 성선과 성악의 인성 등 형이상학적이고 인식론적인 문제들이 주제였다. 리치는 주로 스콜라철학적 지각론의 입장에서, 그리고 삼회는 불교적 인식론의 입장에서 토론을 진행했다. 이 자리에 참석한 연회객들은 밤을 지새며 진지하게 두 논객의 논쟁을 경청했다.

1600년에 리치는 '산해만국여지전도'(1584년)에 누락됐던 조선을 추가하고 중국어로 지명을 표기하여 재판(再版)을 냈다. 이 지도는 중국 지식인들에게 굉장한 인기를 끌었고, 이 일을 계기로 리치는 북경 행 여권을 발급받을 수 있었다.

꿈에도 그리던 북경으로

환관 마당(馬堂)에게 억류됨

같은 해에 리치는 복음을 전파하고자 다시금 800킬로미터의 물줄기를 거슬러 북경을 향해 떠났다. 운하를 항행하던 중에 임청(臨淸)에서 당대의 악명 높은 세감(稅監)이자 환관인 마당(馬堂)과 마주쳤다. 당시 환관들은 일반 관리들을 능가하는 막강한 권력을 휘두르면서 온갖 세금을 포탈하는가 하면 거액의 뇌물을 수수했다. 이 환관들에게 반발하는 자는 죽음을 면치 못하는 경우까지 있었다. 이러한 웃지 못할 상황은 곧 집권자 만력제의 무능과 명 왕조의 쇠락을 대변하는 것이었다.

마당은 프리즘과 서양의 진품 등 예물을 둘러보고 탐을 내며, 책임지고 예물을 황제에게 전달하겠으니 우선 천진(天津)까지 동행할 것을 요구했다. 마당은 황제에게 리치의 예물을 올리게 해 달라는 진공서(珍貢書)를 올렸는데, 한 달이 지나서야 예물의 내용을 조사해 보라는 연락이 왔다. 마당은 예물을 자신의 집으로 옮기게 한 후, 세계 지도와 자명종, 성화(聖畵), 프리즘, 클라비코드, 수학책을 포함한 서적 등 20여 가지 공품 목록을 첨부하여 진공을 윤허해 달라는 2차 상주문(上奏文)을 올렸으나 어찌된 영문인지 몇 주가 지나도 회신이 오지 않았다.

황제에게 벌을 받을까 초조해진 마당은 공연히 서양인의 일에 끼어든 것을 후회하면서 리치 일행을 천진 성내의 한 사당에 억류해 버리고 말았다.

신종 황제와 자명종

마당에게 잡혀 죽을 고비를 여러 번 넘긴 리치는 1601년, 마침내 황제의 유지(諭旨)가 내림으로써 6개월 만에 가까스로 풀려나게 되었다. 리치는 이러한 결과가 천주의 섭리임을 느꼈다.

리치는 임청을 떠나 북경에 도착하여 20여 종의 공품 목록을 만들고 한문으로 주장(奏章)을 작성해 올렸다. 원근법에 의해 입체감 있게 그려진 그림을 본 일이 없었던 신종 황제는, 예수와 성모 성화(聖畵)를 보고는 그것이 살아 있는 진짜 사람이라 여겨져 매우 놀라 멀리 치우도록 했으나 자명종에는 큰 관심을 보였다.

일주일이 지나자 황제의 전령이 당도했다. 리치에게 빨리 궁으로 들어와 고장 난 자명종을 수리하라는 것이었다. '결국 이러한 기회가 오는구나!' 하고 리치는 내심 쾌재를 불렀다.

후배 신부인 판토하(D. Pantoja)와 함께 황궁인 자금성 안으로 들어가 보니 자명종은 황제의 내정(內廷)에서 옮겨져 뭇사람들의 신기한 구경거리가 되어 있었다.

황제는 리치를 직접 만나려고 하지 않았다. 황궁법상 황제는 서양인을 직접 만나지 못하도록 되어 있었다. 황제는 지난 20여 년을 황궁에만 틀어박혀 비빈이나 환관 이외에는 아무도 만나지 않았다. 궁내에서 이동할 때에도 수천의 경호원에 의해 경호를 받았다. 그럴 때면 수많은 가마가 함께 움직였는데, 어느 가마에 황제가 타고 있는지는 아무도 몰랐다. 황제는 암살을 두려워했으며, 추한 외모 때문에 스스로 왕궁에 갇혀 사는 죄수처럼 지냈다. 리치는 지극히 실망스러웠다. 황제는 찻잔과 술잔 그리고 어항 등 진귀한 물품을 모으는 데만 골몰했다. 국사에는 관심이 없었고 칙서를 내리기는 하였으나 오로지 환관을 통해서만 전달되었다.

어느 날 천문(天文)을 맡아 보는 흠천감 태감들이 리치에게 황궁의 고장 난 자명종을 가지고 와서 고쳐 달라고 했다. 나중에 이를 안 황제는 시계가 궁 밖의 일반 백성들에게 보여지는 것을 몹시 질투했다. 그래서 리치에게 앞으로는 시계가 고장 나면 궁 안으로 들어와 수리하게 하라고 명령했다. 리치는 매년 네 번씩

궁으로 들어가 자명종을 수리하게 되었으나 태감들은 사실상 수시로 들어와 시계를 고쳐도 좋다고 했다. 리치는 판토하와 3일간을 흠천감에 유숙하며 자명종 사용법을 가르쳤다. 환관들은 메모를 해 가며 매우 열심히 배웠다. 또 다시 자명종이 작동하지

신종 만력제 | 명 13대 황제로 이름은 주익균 (朱翊鈞, 1563~1620). 48년간 제위에 있었으며, 58세에 병사했다.

않을 경우 황제에게 죽임을 당할 수도 있음을 잘 알고 있었던 것이다.

중국 문화와의 만남

리치가 황제와 자주 만난다는 과장된 소문이 퍼지자 수많은 사람들이 리치를 집으로 초대하여 다양한 문제에 관하여 토론을 벌였다. 그래서 리치는 새로운 벗을 많이 사귀게 되었는데, 그 가운데 이지조(李之藻)와 가장 친하게 지냈다. 이지조는 매우 총명한 사람으로 특히 지리학에 많은 지식을 가지고 있었다. 리치는 그에게 해시계와 관상의(觀象儀) 제작법을 가르쳤다. 이 일

을 계기로 자극을 받아 스승 클라비우스의 일궤측시학과 관상의, 실용수학 등을 한문으로 편역했다.

리치는 불교와 도교에 대해서 공세적이었으나 유교에 대해서는 친화적이었다. 그는 중국 전통의 유교 경전에 나타나는 '천'(天) 또는 '상제'(上帝)를 천주교에서 일컫는 하느님과 같다고 보았다. 유교의 상제와 기독교의 하느님은 결코 다른 신이 아니라 같은 신에 대한 다른 이름이라는 것이다. 천주교의 교리는 결코 중국 전통의 유교적 세계관과 윤리관에 배치되는 것이 아니며, 오히려 유교적 세계관을 더욱 완전하게 한다고 설명했다.

리치는 이러한 내용을 중심으로 1603년 중국 사상과 기독교의 사상을 대비시켜 양자가 서로 배타적이 아니라 서로 보완적이라는 의견을 정리한 『천주실의(天主實義)』를 출간했다. '천주실의'(De Deo Verax Disputatio)란 '하느님에 관한 참된 논의'라는 뜻이다. 리치는 여기서 기독교와 유교를 연결하려 했으나 불교와 도교는 배척했다. 유학에서 중시하는 자기수양을 강조하여, 군자는 하느님을 믿고 섬긴다고 했다.

『천주실의』에서 리치는 중국 일반인의 수신(修身) 교과서인 유학 경전들을 원용하면서 기독교의 교리를 유교의 용어로 기술했다. 그리고 중국의 일반인이 이해할 수 있도록 동양적 기독교의 모형을 그려 내었다.

일종의 교리 해설서인 천주실의(1603) | 처음에는 '천학실의'(天學實義)라 했다.

리치는 이 책의 저본을 수년 간 친구들에게 읽혀서 문장을 수정하고 더 완벽한 내용으로 바꾸었으며, 문장 형식도 독자들에게 생생한 감동을 주는 대화체를 택했다. 플라톤의 대화록에도 비견될 수도 있을 이 책에는 기독교 교리가 변증론적으로 구명되어 있다. 이 책은 오늘날에도 아직 완성되지 않은 동서 신관의 통합을 선취하고 있는 놀라운 저작이다.

『천주실의』가 발표됨으로써 기독교에게 공격을 받은 불교도들은 1605년에 황제에게 리치와 그 일행을 마카오로 추방해야 한다는 주장(奏章)을 올렸다. 그런데 태감들은 오히려 리치와 그 일행이 관직을 맡아야 한다고 제안했다. 그러나 만일 관직을 맡는다면 유생들과 사대부가 엄청난 질투를 하여 불의의 화를 입게 될 것이 자명했으므로 리치는 관직 맡기를 거절했다.

그럼에도 불구하고 선교사들을 추방하기 위한 불교도들의 주장은 열기를 더했다. 하는 수 없이 리치는 북경을 떠나겠다고 태감들에게 말했다. 그러나 황제는, 시계가 고장 나면 고쳐줄 사람이 없을 것을 염려해서인지 리치에게 북경을 떠나지 말라고 명했다.

이십여 년 동안을 중국의 문학과 역사, 철학 사상을 연구한 리치는 중국인의 깊은 속내와 중국이라는 나라를 어렴풋이 이해할 수 있게 되었다. 리치가 보기에 중국은 한 마디로 계절의 순환에 순종하는 농경 사회였다. 중국의 정치는 자연의 순리에 따르듯이 철저히 명분과 철리(哲理)에 따라 이루어졌다.

리치의 나이 어언 오십사 세. 얼굴은 주름살로 가득했고 머리와 수염에는 서리가 내렸다. 그는 중국인으로 죽기를 결심했다.

최후의 순간

리치에게는 평생 안정된 생활이 없었다. 그는 긴 여행과 이질적인 풍토로 인해서 중병을 많이 앓았다. 또한 선교 사업이 제대로 추진되지 않고 난항을 겪을 때마다 심한 심신의 고통을 겪었다. 추방되거나 억류되는가 하면 심지어 도적으로 몰리기도 했다. 그러나 모든 사람을 친형제와 같이 사랑하여 많은 사람들에게 칭송을 들었다.

리치에게는 수천 명의 지인이 있었으며, 수많은 사람이 그를

리치의 사후 1년 녹적아(鹿迪我)가 각고의 노력으로
마련한 리치의 묘소

만나 종교, 과학, 수학, 지리, 음악, 미술, 기억술 등에 관하여 논하고자 했다. 리치는 그런 논의를 원하는 사람이면 어느 누구도 거절하지 않았다. 그래서 자연 식사를 거르거나 과로하게 되었고, 몸은 병약해져 갔다.

마침내 격무를 이겨내지 못하고 중국에 들어온 지 27년이 되던 1610년 5월 3일, 갑자기 심한 두통이 리치를 엄습했다. 황궁의 어의가 진찰을 하고, 조선의 인삼까지 복용했으나 아무런 소용이 없었다. 5월 8일에는 우르시스 신부에게 고해성사를 하고 같은 달 11일 오후 6시경, 향년 58세의 나이로 세상을 떠났다.

같은 해 10월 19일, 만력제는 북경성 밖 책란(柵欄) 땅에 리치 신부의 장지를 윤허했다. 이것은 실로 중국 역사상 처음으로 황제가 친히 서양인에게 묘지를 하사한 놀라운 사건이었다.

PMATTHEVS RICCIVS MACERATENSIS QVI PRIMVS E SOCIE
ESV EVANGELIVM IN SINAS INVEXIT OBIIT ANNO SALV
1610 ÆTATIS 60·

중국 유문휘(游文輝, 1575~1630) 수사가 그린 리치의 모습 | 일반에게 가장 잘 알려진 그림이다.

북경의 부윤(府尹) 황길사(黃吉士)는 리치의 묘실에 '의를 숭모하고 저술로써 말씀을 세운 사람'(慕義立言)이란 편액(扁額) 자구(字句)를 증여했다.

chapter 2

동서 문명의 교류

신명계의 영역을 개방하여 동서양의 신명들을 서로 자
유롭게 넘나들게 한 자가 이마두니라. -『도전』4:13:3

증산 상제는 마테오 리치가 천국을 건설하기 위해서 동양에
왔다고 했다.(『도전』2:30:3) 이 말씀은 리치의 생전의 활동을 특징
짓는 매우 중요한 지적이다. 리치는 천국이란 죽은 후에 가는
곳이 아니라 인간이 살아가는 지상에서 실현되는 것이라고 확
신했다. 그는 이 확신을 실제로 보여주기 위해서 동양에서의 선
교 활동을 선택했고, 동서양의 문명 이기와 문화가 서로 교류할
수 있도록 혼신의 힘을 다했다. 그렇다면 리치의 선구자적 활동
에 나타나는 구체적인 업적과 의의는 무엇일까?

리치 사후에 혹자는 그에 대해 중국 사상의 완고한 벽을 넘지 못했으며, 진정한 개종자를 거의 배출하지도 못한 실패한 선교사로 폄하하기도 한다. 그가 성취한 외적인 업적에만 국한시킨다면, 이 견해는 그리 부당한 것은 아닐지도 모른다. 왜냐하면 리치의 선교 성과란 1583년부터 1610년까지 약 2,500명의 중국인을 천주교인으로 개종시킨 데 지나지 않기 때문이다.

그러나 서양 학계에서는 리치를 기독교 선교사(宣敎師)의 영웅으로 인식하고 있다. 그가 기독교의 황무지나 다름없는 동양 세계에 성공적으로 기독교를 전파했기 때문이다. 이 '선교사관'에 따르면 리치는 미지의 신대륙을 발견한 콜럼버스에 비견할 만한 정신계의 위대한 정복자이다.

전통적인 기독교 선교사관의 어리석음을 지적한 사람은 제르네(J. Jernet)이다. 그는 1990년판 『중국과 그리스도교』에서 이러한 편향적 시각을 경계하고 리치가 전개한 선교 활동을 동서양 문명과 사상의 신선한 만남이라는 새로운 관점에서 접근한다.

최근 일본의 마테오 리치 연구가인 히라카와 스케히로는 리치를 단지 기독교를 전파하고자 했던 한 '중국 선교사'가 아닌 "좀 더 폭넓은 문화사적 시야"에서 바라볼 것을 제안한다. 그는 리치를 "르네상스 유럽의 자연과학적 전지식과 중국 사서오경의 학

동서양 문명의 융합을 위해 일생을 바친 마테오 리치 신부. 연구에 몰두하는 모습.

문을 한 몸에 갖춘" "최초의 세계인", 동서양의 문명을 이어준 "비교 문명사의 인물"로 새롭게 자리매김했다.

그러나 리치에 대한 이러한 파악은 역사적으로 보면 결코 새로운 것도, 충분한 것도 아니다. 이미 한 세기를 앞지른 19세기 말 동양의 조선국에 인간의 몸으로 태어나 스스로 우주 주재자임을 선언한 증산 상제는, 리치가 막혀 있던 동서 문명 교류의 물꼬를 튼 선구자임은 물론, 나아가 현대 문명을 건설하게 한 주인공이라는(『도전』2:30:1~4) 파격적인 평가를 내렸다.

실제 역사적인 관점에서만 보더라도 리치는 '문화 적응주의적 방법'으로 중국의 토착 문화를 몸소 익혔으며, 나아가 중국인이 되어 중국어로 생각하고, 말하고, 썼다. 그리고 이러한 활동을 통해서 자연스럽게 서양 문물을 소개하고 가르쳤다. 또한 중국 선교의 경험을 글로 정리해서 나중에 서양에 소개되도록 했다.

이제 동서의 이질적인 두 문화를 연결시킨 리치의 구체적 업적을 살펴보기로 한다.

서양 문명을 중국에 전함

증산 상제에 의하면, 리치는 기독교 선교사로서 중국에 와서 평생 갖은 고초를 마다하지 않고 선구자적 선교 활동을 펼쳤다. 그리고 이러한 활동은 결국 기독교가 추구해 온 최고의 가치이자 인류에게 최고의 행복을 선사하기 위한 '천국건설' 을 목표로 한 것이었다. 더욱 놀라운 것은, 그는 죽어서 신이 되어서까지 그 뜻을 이루고자 동분서주했다는 사실이다.(『도전』2:30; 4:13)

증산 상제의 이러한 지적은 단지 선언적인 데 그치는 것이 아니다. 중국에 와서 리치가 전한 서양의 발전된 문물은 매우 체계적이고도 다방면에 걸친 것이었다. 중국인의 세계관을 근본적으로 뒤바꾼 새로운 지도의 제작으로부터 실생활에 꼭 필요한 달력이나 그림 그리는 기법에 이르기까지 거의 모든 분야를

망라하고 있다. 그 중 대표적인 것만을 정리하면 다음과 같다.

새로운 지도를 제작함

리치가 중국에 와서 남긴 업적 가운데 가장 중요한 것은 새로운 지도를 제작하여 중국의 낡은 세계관을 바꿔 놓은 일이다. 중국인은 중국이 세계의 중심이 되는 나라[中國]라고 확신했으므로 "천하도"(天下圖)에서도 중국을 세계의 중심에 놓았다. 중국의 십오도(十五道)가 거의 대부분의 공간을 차지하고, 그 주변에 조선과 일본, 캄보디아나 월남 그리고 보르네오, 수마트라 섬, 천축(인도)과 아라비아 반도가 위치한다. 그리고 이 모든 나라를 합쳐도 중국의 한 지방(省)에도 미치지 못하리만큼 작았다. 리치는 그들에게 실제 크기를 바탕으로 그린 최신 지도를 보여주었

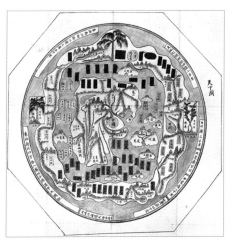

다. 이 지도에는 아메리카, 유럽, 아프리카와 인도, 일본과 인도네시아 그리고 중국이 모두

천하도(天下圖) | 한가운데에 위치한 중국을 내해(內海)가 둘러싸고 있다. 중국의 고대 지리서인 『산해경』에 나오는 여러국, 대인국, 소인국 등의 지명이 보인다.

나타나 있었다. 중국은 중심이 아닌 변방에 있었으며, 그 크기도 천하도에 나타난 것 보다 훨씬 작았다. 중국인들은 지도의 내용을 믿으려 들지 않았다. 다만 조경 지부사 왕반만이 지도에 나타난 내용이 사실일지도 모른다고 생각했다. 그리하여 리치에게 이 지도의 외국어 표기를 모두 한자로 바꿔 줄 것을 요청했다.

리치는 대학시절 클라비우스 교수에게 지도 제작법을 배웠다. 그는 경선과 위선이 직선으로 만나는 메르카토르(Mercator) 도법을 바탕으로 정현곡선(正弦曲線) 투영법을 이용해 1584년 '산해만국전도'(山海萬國全圖)라는 세계 지도를 제작했다. 이 지도에는 중국이 중앙으로 이동해 나타나고, 각국의 위치나 크기가 실제에 맞게 그려지며, 이에 따른 경도와 위도, 적도와 자오선이 사용되며, 각국의 명칭은 한자로 표기되었다.

산해만국전도는 1570년에 출판된 오르텔리우스의 세계지도를 저본으로 한 것으로 추정된다. 1602년에는 지리학적 지식이 풍부하며 그 방면에 재능을 가진 이지조(李之藻)의 자극으로 리치는 '곤여만국전도'(坤輿萬國全圖)를 제작했다. 여기에 나오는 지명만도 무려 천여 개나 되고, 각국에 대한 자세한 인문지리적 정보도 수록되어 있다.

리치의 곤여만국전도가 제공하는 정보는 지구는 둥글며 5대

곤여만국전도(1602) | 리치가 제작하여 동양에 최초로 소개한 세계 지도. 메르카토르 도법으로 제작됨.

주로 이루어졌다는 것으로 요약된다. 리치는 지도의 여백에 적지 않은 인문지리적 정보를 수록하였으므로 지도 제작 본래의 목적 이외에도 여러 가지 사상사적 영향을 끼치게 되었다. 그것은 근본적으로 동양의 세계관을 타파하여 기독교 세계관을 동양에 정착시키기 위한 방편이기도 했다.

리치의 이러한 선교 전략은 『직방외기(職方外紀)』를 쓴 알레니(G. Aleni, 1582~1649)와 곤여전도를 만든 페르비스트(F. Verbiest) 등 후배 신부들을 통해 이어졌다.

리치의 세계 지도는 중국은 물론 조선과 일본의 지성계에 엄청난 파문을 일으켰다. 전통적으로 고수되어 오던 중국 중심의 세계관이 흔들리기 시작했으며 새로운 세계에 대한 무한한 상상력을 유발시켰다. 바로 이것이 리치가 물꼬를 튼 동서 문명

교류의 시발점이었다.

새로운 달력과 학문

현재 우리가 사용하고 있는 태양력은 교황 그레고리우스 13세가 1582년에 기존의 율리우스 역법(曆法)을 개정하여 새롭게 만든 그레고리 역법이다. 1582년 리치는 그레고리 역을 한문으로 번역해 서양의 천문학과 역학을 중국의 지식인들에게 소개했다. 이러한 노력의 결실로 청에서는 순치(順治) 2년, 1644년부터 태양력의 원리를 적용한 시헌력(時憲曆)이 시행되었다.

당시 중국의 천문학과 역학의 기초가 되는 수학은 아무런 증명도 없이 단지 명제를 주장하는 수준이었다. 리치는 자신의 권유로 한림원(翰林院) 진사시에 급제한 수재 서광계(徐光啓)와 더불

곤여전도 | 1678년 북경에서 판각된 후 1856년 광동에서 중간됨.

어 유클리드의 『기하학원본』 15권 중 첫 6권을 『기하원본(幾何原本)』이란 제(題) 하에 출간했다. 이 책은 동양인에게 수학적, 논리적 사고를 위한 새로운 지평을 열어 주

었다.

과학 기구들을 제작함

리치는 동아시아에서 무
엇보다도 과학자로 널리 알
려져 있었다. 그러나 그는
단순한 과학자가 아니라 그
러한 과학을 응용하거나 실
행할 수 있는 과학 기구들을
직접 제작할 수 있는 재능도
가지고 있었다.

그는 해시계와 천지의(天
地儀), 지구의(地球儀), 상한의
(象限儀), 기한의(紀限儀) 등을
제작했다. 당시 천문과 역수
(易數), 점후(占候) 등을 맡아

서광계(1562~1633) | 학자이며 정치가. 중
국에 기독교와 서양의 과학 기술을 보급하는
데 공헌했다. 리치와 함께 유클리드 기하학을
비롯해 기하학 전반과 측량학 등을 공동으로
번역했다.

보는 흠천감(欽天監) 관리들은 일식이나 행성의 움직임을 제대로
예측하지 못하는 이유를 악인이 있기 때문이라고 둘러댈 정도
로 한심한 수준이었다. 그러나 리치의 활동으로 인하여 이런 황
당한 핑계가 성립할 수 없게 되었다.

새로운 음악과 미술 기법

리치가 만력제에게 진상한 명품들 가운데 클라비코드(혹은 클라비쳄발로)라는 악기가 있었다. 이는 피아노의 전신에 해당한다. 만력제는 악관들로 하여금 선교사에게 그 연주법을 배우도록 지시했다. 리치는 중국의 전통 악곡이 5음 14성으로 되어 있고 반음 처리가 되지 않아서 음계가 전체적으로 조화를 이루지 못하고 부드럽지 못하다고 진단했다. 그리고 중국 고전인 '악경'(樂經) 전통이 이미 2천 년 전에 소실되어 악기만이 겨우 전해지며, 유생들이 기억을 되살려 그 원형을 회복하고자 했으나 끝내 실패했다는 말을 들었다.

리치와 판토하는 태감들에게 유럽의 8음계와 클라비코드 연주법을 전수했다. 또한 이탈리아의 민요인 '아니무치아'(Animuccia)와 '나니노'(Nanino)를 가르쳤다. 리치는 『서금곡의팔장(西

피아노의 전신인 클라비코드 | 클라비쳄발로라고도 한다.

琴曲意八章)』이라는 한문 곡을 지었는데, 이 곡은 중국인의 심성
과 사고에 부합하는 수신(修身)적인 잠언의 가사로 되어 있다. 그
후 클라비코드는 오랫동안 궁중에서 악기로 쓰였다.

한편 리치는 투시법에
의한 원근법을 적용한 화
법을 전해 주었다. 이는
브루넬레스키(Bruneleschi)
가 발견하고 알베르티(L.
B. Alberti)가 체계화한 것
이다.

1739년에 나온 장경(張
庚)의 『국조화징록(國朝畵
徵錄)』에는 "이마두라는
사람은... '중국인은 도드

브루넬레스키가 설계한 산토스피리토 교회

라진 면밖에 그릴 줄을 모릅니다. 그래서 입체감이 없는 것입니
다. 제가 태어난 나라에서는 도드라진 부분은 물론 들어간 부분
도 그립니다. 그러므로 그림의 사면 모두가 완전한 것입니다.
인물의 정면은 밝게, 측면은 어둡게, 그림자 부분은 약간 어둡
게 그리면 정면을 부각시킬 수 있습니다' 했다"고 기록되어 있

다. 원근법은 분명 중국인에게는 낯설고 신기한 기법이었다.

중국 문화를 서양에 전함

리치는 중국에 와서 약 30여 년간 중국 지성인들의 중심 텍스트인 사서(四書)의 번역을 비롯하여 종교와 천문, 지리와 수학 등 선교에 필요한 저술을 이십여 권이나 남겼다.

건륭제(乾隆帝, 1736~1795) 때에 수집, 정리된 『사고전서존목총서(四庫全書存目總書)』에 수록된 리치의 저술은 『건곤체의(乾坤體義)』, 『동문산지(同文算指)』(역서), 『기하원본(幾何原本)』, 『변학유독(辨學遺牘)』, 『이십오언』, 『천주실의』, 『기인십편』, 『교우론』 등이다. 이 저술들은 리치와 다른 선교사들의 활동이나 당시 중국의 상황을 연구하는 데 중요한 자료가 된다.

리치가 번역한 사서는 리치의 사후에도 후배 신부들에 의해

사고전서 | 세계 역사상 최대 규모의 백과전서. 경사자집(經史子集) 4부 44류, 36,000여 권으로 이루어져 있다.

좋은 문장으로 가다듬어져서 『중국의 지혜』, 『중국의 정치도덕학』, 『중국의 철학자 공자』 등으로 유럽에서 출간되었다.

말년에 리치는 자신의 선교 활동을 최종적으로 정리한 중국

선교 보고서 『예수회와 천주교의 중국 진입』(혹은 『보고서』)을 모국어인 이탈리아어로 작성했다. 중국의 사정을 비교적 객관적이고 사실적으로 소개한 이 보고서는, 나중에 그 주요 부분과 서간문에서 발췌한 글들과 함께 묶여서 『마테오 리치 신부의 역사 저작』이라는 제목으로 파리에서 간행되었다. 이 책은 중국의 지명들과 지리적 위치, 산물, 예술과 과학, 언어와 문학, 과거제도, 정부 형태, 풍속, 미신, 종교 등의 사회 문화적 현상과 배경을 서술하였으며 리치 일행이 중국에서 겪은 온갖 풍상도 그려 놓았다.

동서 사상의 융합

일찍이 마르코 폴로(1245~1324)와 콜럼버스(Ch. Columbus, 1451~1506), 바스코 다 가마(Vasco da Gama, 1460/69~1524) 등 유럽의 상인, 탐험가들은 배를 타고 비단과 다이아몬드의 천국으로 알려진 '카타이'(Chathay, Catai), 즉 중국을 향하여 항해했다. 그들은 중국을 다이아몬드 나무가 있는 이상적인 나라라고 상상했다. 이러한 환상을 깨준 인물이 바로 마테오 리치였다. 리치는 『보고서』를 통해서 중국의 평범한 사실들을 유럽에 알렸다. 이러한 리치의 활동으로 동서양이 서로 알고 참된 의미에서 융합할 수 있는 계기가 마련된 것이다.

리치는 탁월한 고전 이해 능력과 한문 실력을 바탕으로 『교우론』(1595), 『기법(記法)』(1596), 『천주실의』(1603), 『25언』(1605), 『기인10편』(1608) 등 한문 저술을 남겼다.

『교우론』은 리치가 쓴 최초의 한문 저술이다. 남창에서 건안왕(建安王)과 나눈 진실한 우정을 통해 성립된 것으로 왕자가 묻고 리치가 답하는 형식을 취하고 있다. 리치는 세네카, 키케로, 에라스무스 등의 우정론을 통해 우정이란 물질적인 이득을 초월하여 두 사람을 한 마음으로 묶는 것이며, 참된 친구는 역경에 처했을 때 알아볼 수 있다고 했다.

『기법』은 기억술에 관한 저술이다. 이 책은 리치 자신이 비상한 기억력의 소유자인 데다가 학창 시절 연마한 연상법에 의한 기억술을 응용하는 한편, 로마 시대의 학자인 플리니우스(Plinius)의 저서 『박물지』, 작자 미상의 수사학 관련 서적인 『헬레니우스』, 그리고 퀸틸리우스의 웅변술에 관한 책 등에서 힌트를 얻어 지은 것이다. 리치는 '기억 체계의 장소'를 이렇게 설명한다. 머릿속에 자기가 실제로 가 보았거나 아니면 가상적인 방을 그린 다음 자신이 기억하고 싶은 물건이나 인물, 문자 등을 여기에 저장해 두었다가 자유롭게 기억해 낼 수 있다고.

『25언』은 그리스 스토아 학파에 속하는 에픽테투스(Epictetus, 60~120)의 교훈적이고 수양론적인 글 『소책자(Enchiridion)』의 내용을 약간 윤색한 것이다. 타종교를 배격하지 않고 일반적인 덕에 대해서 논했으므로 많은 이들의 호응을 얻었다.

『기인 10편』에서 기인(畸人)이란 중국인의 눈에 비친 리치 자신이다. 기인이란 말은 『장자』 제6장에서 따온 것이다. 『천주실의』의 연장선상에서 성경과 기독교 성인의 저술, 그리스 철인들의 사상, 이솝 우화의 내용 등을 인용하여 논했다.

『천주실의(天主實義)』는 일차적으로 기독교 교리 문답서로 알려져 있지만, 그 내용은 동서 교류사에 새로운 지평을 열 수 있는 획기적인 저작이다. 그것은 동서양의 철학적, 종교적 사상에 대한 핵심적 논변과 융합의 문제를 다룬다. 동서가 대립하고 투쟁하기보다 융합하고 협력해야 하는 오늘날에도 좋은 범례가 될 것이다.

유럽에서는 18세기, 즉 루이 15세의 시대에 중국 붐이 일어난다. 루이 14세의 절대주의 왕정이 지나자 그 반동으로 프랑스에는 상대주의와 세계 시민주의가 대두되었기 때문이다. 프랑스인들이 중국에 관심을 갖게 된 것은 바로 리치를 비롯한 예수회 선교사들의 영향이 크다.

프랑스의 사상가 볼떼르는 리치의 『보고서』와 수많은 중국 관

볼떼르(Voltaire, 1694~1778) | 프랑스의 계몽사상가, 작가. 대표작에 『인간론』(1738), 『루이 14세의 세기』(1751), 『캉디드』(1759)가 있다.

몽테스키외(Ch,-L. d. S. Montesqieu 1689~1755) | 프랑스의 계몽철학자, 법학자, 정치 사상가.

련 자료를 독파했다. 그는 중국파의 거두로서 『중국 고아』(1775)라는 희곡을 썼다. 중국 기군상(紀君祥)의 희곡 작품 『조씨 고아』를 모방한 것이다. 이 작품에서 그는 용서와 아량의 미덕을 그렸는데, 이는 중국 유교의 미덕과 상통하는 데가 있다.

이에 반해서 반중국파의 대표적 인물은 『법의 정신』을 쓴 몽테스키외이다. 그는 중국은 전제 군주국으로서 지배자인 왕이 국법을 마음대로 바꿀 수 있으며, 그 자질과 성격에 따라 왕은 부모와 같거나 아니면 늑대가 될 수도 있다고 했다. 그는 마테오 리치가 중국 황실과 조정에 접근한 것은 전제 군주의 권위를 이용해 기독교를 효율적으로 전파하기 위한 것일 뿐이라고 이해했다.

과거 제도에 관한 리치의 보고에 의해서 서양 사회는 비로소 낯설고 새로운 중국의 시험 제도를 발견하게 되었다. 수재(秀才), 거인(擧人), 진사(進士)라는 학위를 주는 이 제도는 실력자에게만 국정 운영의 기회를 주는, 철저히 문관 중심의 지배 체제를 전제한 것이었다. 그러므로 서양에서는 경탄할 만한 문명의 소산이라고 여겼다.

프랑스에서 대혁명 이후에 공무원 임용 고시 제도가 생겼는데, 중국의 과거제도를 직접적으로 모방한 것은 아니지만 분명 제도사적 영향이 있다고 볼 수 있다.

리치는 중국인의 제례를 윤리적으로 이해했다. "조상에게 제사지낼 때에는 앞에 계신 것같이 하고 신에게 제사지낼 때에는 신이 있는 듯이 한다"(『논어』「八佾」)는 공자의 생각을 기준으로 삼았다. 『보고서』는 중국 문관이 죽은 사람에게 아무런 신성을 인정하지 않으며, 따라서 조상 숭배는 우상 숭배에 해당하지 않는다고 말하였다. 조상에게 제사를 지내는 것은 우상을 숭배하는 종교적 행위가 아니라 조상에게 효를 행하는 도덕적인 행위일 뿐이라는 것이다.

그러나 리치의 이러한 견해는 그의 사후에 완전히 무시되었으며, 조상 제사나 공자 배례 등에 대한 찬반 문제인 '전례(典禮) 논쟁'을 유발시켜 결국 기독교의 중국 선교 자체가 수포로 돌아가게 된다.

제2부

근대 문명의 명암과
신문명의 비전

chapter 1

천상 문명을 본받아

우리가 살고 있는 이 생성의 세계는 이데아라는
완벽한 세계를 모방한 것이다. – 플라톤

근대 문명은 근대 과학을 근간으로 한다. 근대 과학은 실험과
관찰을 중시하는 경험 과학이며, 근대의 가장 보편적인 원리인
이성(ratio, 理性)의 산물이기도 하다. 이성이란 한편으로 원리,
원칙과 합치한다는 '합리성'(合理性)을, 다른 한편으로 중세적 신
성(divinitas, 神性)을 거부하는, 철저히 인간중심적 사고의 주체를
뜻한다. 그러기에 근대 철학의 아버지 데카르트는 '나는 사유한
다, 고로 존재한다' 는 모토를 이성의 제1원칙이라 했다.

그렇다면 근대 과학은 과연 신성과는 아무런 관련이 없는 인
간 이성의 산물이기만 한 것일까? 일찍이 증산 상제가 지적한
대로 '물질과 사리에만 정통'하여 '교만과 잔포를 길러' '자연

을 정복하려는 기세로 모든 죄악을 꺼림 없이 범행' 한 서양의 근대 문명은 얼핏 보기에는 신성(神性)과는 거리가 멀어 보인다. 그러나 증산 상제는 동시에 근대 문명이 '천상 문명을 본 뜬 신성한 것'이라고 했다.(『도전』2:30) 과학사가들은 근대 과학이 어떻게 그렇게도 짧은 시간에 폭발적으로 발전할 수 있었는지 의문을 제기하면서도 속시원한 답을 제시하지 못하고 있는 실정이다. 근대 과학의 본질은 과연 무엇일까?

과학은 실험과 관찰에 의해서 가설을 세우고, 이 가설을 반복된 실험과 관찰을 통해 강화하는 가운데 법칙을 찾아내는 체계적인 학문이다. 그러나 법칙을 찾아내는 일련의 과정은 결코 합리적이지 않으며 오히려 매우 비합리적인 '영감'에 따라 이루어질 때가 많다. 예컨대 화학자 케쿨레(F. A. Kekule, 1829~1896)는 벤젠의 구조식을 밝혀내지 못해 고민을 거듭하던 중 우연히 또아리를 틀고 있는 독사를 보고 번개 같은 영감을 얻어 구조식을 완성하고 유기화학 구조론을 확립했다. 또한 발명왕 에디슨은 "천재는 99퍼센트의 노력과 1퍼센트의 영감"으로 이루어진다고 말했다. 아무리 인간의 이성에 의한 노력을 한다 해도 밖에서 주어지는 신적 영감이 없으면 발명은 이루어지지 않는다는 뜻이다. 말하자면 과학자의 이성적 사고의 한계를 돌파해 나아가 새로운 법칙을 찾아내게 하는 숨은 힘은 신의 계시와도 같은 영감인 것이다.

이 관점에서 근대 문명의 본질과 유래에 관해 일깨워 준 증산 상제의 가르침은 문명사에 대한 새로운 인식의 지평을 열어준다. 증산 상제는 지상에 천국 문명을 건설하고자 염원했던 리치 신부가 죽어서 '문명신'(文明神)이 되어 지상 사람들에게 '알음 귀'를 열어 주었고, 학술과 정교한 기계를 발명하게 했으며, 이 것이 바로 '천국의 모형을 본뜬' 서양의 '현대 문명'이라 가르쳤다.(『도전』4:12; 2:30) 이러한 가르침은 근대 문명과 과학의 기원 및 본질을 신적 차원에서 이해하는 관점을 시사한다.

근대 문명의 본질에 관한 물음과 관련하여 먼저 눈길을 끄는 것은 『도전』에 제시되어 있는 "현대 문명"관이다.

> **"그가 죽은 뒤에는 동양의 문명신을 거느리고 서양으로 돌아 가서 다시 천국을 건설하려 하였나니 이로부터 지하신이 천 상에 올라가 모든 기묘한 법을 받아 내려 사람에게 '알음귀' 를 열어주어 세상의 모든 학술과 정교한 기계를 발명케 하여 천국의 모형을 본떴나니 이것이 바로 현대의 문명이라. 서양 의 문명이기는 천상문명을 본받은 것이니라."**(『도전』 2:30:5~8)

여기에서 주인공은 마테오 리치 신부이다. 제1부에서는 주로 마테오 리치의 전기적인 관점에서 그의 생애와 업적을 살펴보았고, 이제 2부에서는 이를 바탕으로 그가 서양 문명 발전에 역사하게 되는 내적 동기와 배경, 그리고 그의 사후 활동에 초점을 맞추고자 한다.

리치 신부는 동양에 와서 도대체 무엇을 느꼈기에 죽어서도 '지상천국' 건설에 진력한 것일까? 도대체 그의 내면세계에 어떤 일이 일어났던 것일까?

동양에 천국을 건설하고자

천국 건설을 향한 리치의 염원

리치는 중국에 와서 서양 문명과 격리되어 있는 거대한 문명을 만났다. 아프리카와 아메리카에 파견된 선교사들이 문화적 우월감으로 똘똘 뭉쳐 있었던 반면, 그는 동양 문명의 광대함과 위대함을 경험하고 이를 있는 그대로 겸허히 받아들였다. 그것은 어쩌면 그가 숭배한 성모 마리아와 성 토마스 아퀴나스에게서 받은 사랑과 포용심, 그리고 예수회의 봉사 정신이 발현했기 때문인지도 모른다. 서양의 발달된 과학 문명 못지않은 중국의 위대한 정신 문화에 매료된 그는 고향으로 보내는 서신들에서 이렇게 썼다.

"중국은 실로 세계 그 자체입니다."

"중국의 위대함은 아무리 보아도 이 세상에서 가장 뛰어납니다."

"중국인은 박학합니다. 의학, 자연, 철학, 수학, 천문학 등에 밝고, 우리 서양인과는 다른 방법으로 일식과 월식을 정확히 계산해 내고 있습니다."

이는 동양의 정신과 문명의 발달을 몸소 체험한 리치의 진심에서 우러난 고백이었다. 그가 체험한 중국은 그 크기가 유럽 전체보다도 거대했고, 오늘날의 용어로 자연 과학과 정신 과학에 있어서도 결코 서양에 뒤지지 않았다. 서양 기독교인으로서의 자부심이 없지 않았지만 중국의 정신과 만나면서 그 위대함에 저절로 존경의 마음이 싹텄다. 그는 동서 문명을 교류시켜 통일하는 데 있어서 동양의 정신이 밑바탕이 되어야 한다고 확신하게 되었다. 이는 그가 속한 가톨릭 교회가 편협한 개체주의(Individualism)를 넘어서 보편주의(Catholicism, Universalism)를 표방하고 있음과 무관치 않을 것이다. 가톨릭의 보편주의는 모든 개체를 끌어안아 포용하는 정신인 것이다. 아마도 리치는 동양의 정신과 서양의 물질을 합하여 완전한 하나의 문명을 건설할 수 있다고 확신했을 것이다. 이야말로 진정한 보편주의가 아니겠는가. 그가 죽어서 신이 되어 동양의 문명신을 거느리고 서양으로 건너가서 천국을 건설하고자 했던 것도 아마 이러한 이유에서일 것이다. 그는 중국에서 선교사로서 활동할 당시에 이미 서양 기독교 문명 중심의 제한된 시야를 넘어서 있었다.

리치의 열린 마음, 순수한 보편주의적인 사고 방식은 세계의 이질적인 문명들을 통합하여 모든 사람이 살기 좋은 지상 천국을 건설하고야 말겠다는 엄청난 열정으로 발전했다. 그러나 짧은 인생은 그의 고결한 뜻을 제대로 펼치지 못하도록 했다. 명(明)나라 말기의 사회적 혼란상과 자폐증에 걸린 듯 사람을 회피하기만 하는 황제 신종(神宗)의 괴상한 성격 또한 리치의 원대한 뜻을 제대로 펼칠 수 없도록 만든 원인 가운데 하나였다.

서양에 꽂힌 근대 문명

인류의 행복을 위한 리치의 공덕

그는 결코 다하여질 수 없는 커다란 원망(願望)을 가졌기에 죽어서도 결코 자신의 뜻을 접을 수 없었다. 그의 뜻은 개인이 아니라 인류 전체의 안녕과 행복을 위한 숭고한 것이었다. 바로 이 점에 리치의 불멸의 공덕이 있는 것이다. 이에 대해서 증산 상제는 이렇게 언급한 바 있다.

이마두(利瑪竇)는 세계에 많은 공덕을 끼친 사람이라. 현 해원 시대에 신명계의 주벽(主壁)이 되나니 이를 아는 자는 마땅히 경홀치 말지어다. 그러나 그 공덕을 은미(隱微) 중에 끼쳤으므로 세계는 이를 알지 못하느니라.(『도전』2:30:1~2)

지상 천국을 반드시 건설하고야 말겠다는 염원이 너무도 크고 강렬했으므로 리치는 죽어서도 천국 건설의 화신이 된 것이다.

어떻게 이런 일이 가능한지를 알기 위해서는 증산 상제의 가르침을 따르는 증산도(甑山道)의 신관(神觀)을 알 필요가 있다.

증산도의 신관에 의하면, 사람은 죽어서 천상계에 신(명)으로 다시 태어나 살아간다. 그러므로 리치 신부도 죽어서 신이 되어 지상 인류의 발전을 위하여 '사후 활동'을 펼치고 있다는 서술은 놀라운 것이 아니다. 물론 이것은 어디까지나 종교적, 신적 경지에서 통찰될 수 있는 것이므로 일반인들이 쉽사리 깨달을 수는 없을 것이다.

그러나 리치 신부의 사후 활동에 관한 증산 상제의 언급은 근대 문명의 본질과 유래에 대한 일반적 견해에 강한 의문을 제기하게 한다. 동시에 근대 문명의 태동과 비약적 발전이라는 불가사의한 현상을 설명해줄 수 있는 숨은 힘의 존재를 강력히 시사한다. 이 숨은 힘이란 무엇이며, 어떻게 생성되었는지를 알게 되면 현대 문명의 본질을 더 잘 파악할 수 있게 되고, 현대 문명이 야기하는 문제를 해결하는 방법도 그만큼 선명하게 보이는 것이다. 예컨대 어떤 질병을 퇴치하기 위해서는 이 질병의 본질을 제대로 파악하는 작업이 선행해야 한다. 그렇지 않으면 치료를 시작할 수조차 없다. 마찬가지로 현대 문명이 야기하는 제반 문제를 해결하기 위해서는 먼저 그 본질을 정확하게 구명하지 않으면 안 된다. 지금까지 현대 문명이 유발하는 문제점에 대한 분석이 적지 않았으나 아직 그 해결을 위한 실마리를 찾지 못했다. 증산 상제가 제시한, 현대 문명의 본질에 관한 새로운 관점으로 이 문제에 대한 해답이 비로소 풀리는 것이다.

동양의 문명신, 진묵 대사

문명신이란 인류를 두루 행복하게 하고자 문명 건설을 위해 불철주야 노력한 사람의 신명을 말한다.

증산 상제에 의하면 리치 신부는 죽어 신명이 되어서, 동양에서 평생 문명 발전에 몸을 바친 종교가, 과학자, 철인 등의 신명인 문명신(文明神)과 종교를 창시하거나 중흥을 이룩한 도통신(道統神)을 거느리고 서양으로 건너갔다. 살아 생전에 동양에서 실패했던 천국 문명 건설을 다시 시도하기 위해서였다.

서양으로 건너간 문명신 가운데 중요한 인물로 동양의 도통신(道統神)인 조선의 진묵(震默) 대사가 있다. 증산 상제는 진묵을 서양 문명을 연 중요한 인물로 꼽았다.(『도전』6:103:4) 서양에 마테오 리치라는 문명신이 있다면, 동양에는 진묵이 있는 것이다.

진묵은 유불선은 물론 서양 문명의 정수를 두루 섭렵한 문명신 중의 문명신이다. 그는 생전에 뛰어난 법력을 쌓아 시해법(尸解法)을 터득하여, 영으로 동서양을 두루 왕래하며

진묵(震默, 1562~1633) 대사 | 조선 중기의 고승. 본명은 일옥(一玉). 전라도 만경현 불거촌(佛居村) 출생.

문명을 익혔다. 그리하여 장차 "각 지방 문화의 정수를 거두어 모아 천하를 크게 문명케"(『도전』4:138:20) 하여 인류를 행복하게 하려는 원대한 포부를 품었다. 그러나 이를 시기한 유자(儒者) 김봉곡(金鳳谷, 1575~1661)에게 억울한 죽음을 당하는 바람에 그 뜻을 펴지 못했다. 진묵 역시 리치처럼 생전에 뜻을 이루지 못해 한을 품은 채 죽었다. 이 사무치는 원한은 서양에 천국을 건설하고자 한 리치의 활동과 더불어 엄청난 에너지로 응축된다. 진묵을 비롯한 동양의 문명신은 서양의 근대 문명 건설에 절대적

인 원동력이 되었던 것이다.

근대 이성과 과학의 급속한 발전

리치와 진묵으로 대표되는 문명신들이 동양에서 서양으로 건너가 활동한 시기는, 두 인물의 생몰 연대를 참고할 때(리치, 1552~1610; 진묵, 1562~1633) 적어도 17세기 중반 이후가 될 것으로 여겨진다. 이 시기에 서양에서는 어떤 일이 일어났던가?

17세기 중반 무렵은 서양에서 중세의 낡은 정신을 청산하고 새로운 기운이 태동한 시기였다. 그리하여 사상적으로 중세의 봉건제도와 타율적인 신의 권위에 맞서 상업주의 및 자본주의와 더불어 자율적인 인간의 원리, 즉 이성이 중심 원리로 등장한다. 이성이라는 선천적 원리를 중시하든, 실험과 관찰을 중시하든 그것은 결국 인간의 주체적인 사유와 행위가 근본이 되었다. 이러한 사상적 변화와 더불어 특히 과학의 급속한 발전이 가장 눈에 띈다.

근대 자연 과학은 17세기에 이르러 비약적으로 발전했다. 갈릴레이, 케플러, 뉴턴에서 비롯되어 맥스웰, 아보가드로, 다윈 등을 거치면서 웅대한 과학 혁명이 전개된다. 그러면 과학 혁명이 전개되는 과정을 간략히 살펴보자.

중세의 신 중심의 권위적 세계관을 인간과 물질 중심의 과학적 세계관으로 전환시키는 계기를 마련한 인물은 코페르니쿠스 (N. Copernicus, 1473~1543)였다. 그는 『천체의 회전에 관해서』에서 프톨레미우스의 천동설을 정면으로 거부하는 지동설을 주장했다. 케플러(J. Kepler, 1571~1630) 역시도 행성의 운동을 규명해 천동설의 오류를 비판하고 지동설을 더욱 공고히 했다. 더욱이 갈릴레이(G. Galilei, 1564~1642)는 망원경을 제작해 지동설을 입증하는 증거들을 제시했다. 뉴턴(I. Newton, 1642~1727)은 자연이 어떤 법칙 아래에서 작동하는지를 밝혀 자연 현상을 합리적으로 설명하고 미래의 변화까지도 정확히 예측할 수 있게 했다.

이로써 근대의 진정한 과학 혁명과 이를 바탕으로 한 산업 혁명이 시작될 수 있는 발판이 마련되었다. 18세기 초에는 영국의 방직 공장에서 시작된 산업 혁명의 그늘에 가려서 과학의 발전은 일시적으로 퇴조 현상을 보였다. 그러나 18세기 후반부터는 산소를 발견한 프리스틀리, 화학 용어를 재정비한 라부아지에 (A. L. Lavoisier, 1733~1804), 원소의 물리적 실체를 발견한 돌턴(J. Dalton, 1766~1844), 분자의 존재를 예상한 아보가드로(A. Avogadro, 1776~1856), 원소의 주기율표를 완성한 멘델레예프(D. I. Mendeleev, 1834~1907) 등 일군의 화학자들이 새로운 과학 혁명을 주도했다. 이러한 혁명은 일찍이 인류가 경험해보지 못한, 가장 급진적인 것이었다. 이처럼 급진적인 과학 혁명을 거침으로써 고대의 4원소설, 연금술, 플로지스톤설 등 비과학적인 이론이 더 이상 설 자리를 잃었고, 실험을 통해서만 검증되는 진정한 과학의 시대가 열렸다.

근대 기술의 발전

과학의 발전과 더불어 기술 분야에서 기계의 급속한 발전을 가져오게 된 계기는 산림 자원의 고갈로 말미암은 에너지 위기였다. 고갈된 산림 자원을 대체할 수 있었던 것은 석탄이었으며, 석탄으로 인한 영국의 공업 생산량이 급속히 증가하였다. 그런데 기하급수적으로 요구되는 석탄의 양에 비해 그 생산량은 한계에 부닥쳤다. 그리하여 탄갱의 배수, 생산자와 소비자 간의 수송, 석탄 이용상의 기술 개발이 절실히 요구되었다. 이 문제를 해결해 가는 과정에서 기술 개발이 이루어져 산업 혁명이 일어나게 되었다. 탄갱의 배수 문제는 와트의 증기 기관이, 석탄의 수송 문제는 와트의 동력 기계가 해결했다. 석탄 생산과 수송, 그 이용이 기계화되면서 방적기를 통한 면직물 공업의 발전을 가져왔고, 더불어서 철강 공업, 석탄화학 공업, 기계 공업이 촉진되었다. 그리고 모즐리와 그 제자들은 자동 선반과 공작기계를 제작했다. 마침내 1830년 이후에는 기계에 의한 기계의 대량 생산 체제가 확립되었다. 이러한 일련의 성과는 철도의 출현을 통해서 새로운 전기를 마련하였다. 스티븐슨의 증기 기관차에 의해 본격적인 철도 시대를 맞이하게 된 것이다. 철도는 빠른 속도로 근대 산업 자본을 전국으로, 세계로 순환시키는 대동맥의 역할을 하게 되었다.

문명신들이 열어 준 '알음귀'

근대의 과학 혁명과 산업 혁명이 이렇듯 짧은 시간에 이루어진 것은 실로 불가사의한 일이라 아니할 수 없다. 과학 혁명은 16세기 중반부터 17세기 후반에 걸쳐서, 산업 혁명은 17세기 중반부터 18세기 후반에 걸쳐서 진행되었다. 이는 마치 원자가 연쇄 폭발을 하듯, 매우 짧은 시간에 연이어 발생한 충격적인 사건이다. 이 사건을 이성적, 합리적으로 설명하기에는 아무래도 무리가 있다. 누가 미리 조직적으로 기획하여 체계적으로 추진하지 않고는 거의 불가능에 가까운 일이다. 그렇다면 이 불가사의한 사건을 설명할 수 있는 길은 진정 없는 것일까? 우리는 이 길을 『도전』에서 발견할 수 있다고 본다.

앞에서도 잠깐 언급했듯이, 증산 상제는 서양 과학 문명의 급속한 발전을 가능케 한 것은 곧 신의 세계(천상, 신도)에서 일어난 일련의 사건이라 가르친다. "세상의 모든 학술과 정교한 기계를 발명"하도록 한 것은 바로 문명신들이 인간에게 "알음귀"(『도전』

2:30:6~7)를 열어 주어서 비로소 가능했다는 것이다. '알음귀' 란 근대 과학을 급속하게 발전시킨 고도의 영감력이라고 볼 수 있다. 증산 상제는 지상의 문명신들이 천상에서 배워 온 '기묘한 법' 으로 사람들의 '알음귀' 를 열어 줌으로써 지상의 문명이 천상의 발달된 문명을 본받아 급속도로 발달하게 되었다고 했다. 그러기에 근대 과학 문명의 급속한 발전의 배후에는 인간에게 알음귀를 열어 준 문명신, 구체적으로 말하면 마테오 리치와 진묵을 비롯한 동서양의 문명신들의 활약이 있는 것이다. 증산 상제는 이러한 눈부신 활약을 "이마두의 공덕"(『도전』 4:13:3)이라 극찬한다. 급속도로 발전한 근대 서양 문명의 숨은 유래와 본질을 밝혀 주는, 완전히 새로운 설명이 아닐 수 없다.

천국의 존재 가능성

그런데 서양에서 이와 유사한 주장을 한 학자가 있다. 현대 기술 철학의 아버지로 불리는 데싸우어(F. Dessauer)는 어떤 영감을 받아서인지 서양의 과학 기술이 천국에 있는 이데아적 원형을 모방한 것이라 주장했다. 그에 의하면 과학 기술은 엄격하게 보면 발명이 아니라 발견에 지나지 않는다.

그런데 이 주장은 실상 그렇게 독창적인 것은 아니다. 왜냐하면 이것은 그리스의 이상주의 철학자 플라톤의 이데아설과 맥을 같이하기 때문이다. 플라톤은 우리가 살고 있는 이 세계가 이데아라는 완벽한 세계를 모방한 것이라고 설파한 바 있다. 그의 회상설에 따르면 우리는 이데아의 세계에서 살았던 기억을 가지고 있으며, 영혼을 맑게 하면 이를 회상할 수 있다.

데싸우어와 플라톤의 이 주장은 고도로 추상적이고 형이상학적이다. 지상의 과학 기술이 천국의 이데아적 원형에 대한 모방이라는 이들의 주장에서 긍정적으로 추리할 수 있는 것은 천국 문명의 실존 가능성에 대한 강한 암시이다. 이러한 발상은 현대 과학 문명에 지상 세계가 아닌 어떤 초월적인 이상 세계의 영향이 개입되어 있으리라는 가능성을 강력히 시사하고 있다.

하지만 이들은 천국 문명의 본질을 온전히 꿰뚫지는 못하였다.

근대 문명은 '기계선경'

18~19세기 과학 혁명과 산업 혁명(대략 1760~1830)으로 과학 기술의 시대에 접어든 인간의 삶에 획기적인 변화를 일으킨 것은 바로 기계의 등장이다. 기계가 인간의 노동을 대신하므로 인간은 그만큼 여가를 가지게 된다. "선천은 기계선경(機械仙境)"(『도전』7:8:3)이라 한 증산 상제의 말이 이 문맥에 닿아 있다. 물론 이 말은 이중적인 의미를 가지고 있는 것이 사실이다. 첫째는 말 그대로 인간의 삶에 긍정적인 영향을 미치는 측면을 이르고,

둘째는 "후천은 조화선경(造化仙境)"이라는 말과 대조를 이루는, 기계문명의 부정적인 측면을 뜻한다. 그러나 지금의 단계에서는 우선 삶에 긍정적인 영향을 미치는 측면에만 주목한다. 이 문맥에서 해석하면 '기계선경'이란 기계가 대신 일을 하고 인간은 고된 육체노동을 벗어나 보다 풍요로운 생활을 할 수 있게 되었으니, 사람이 기계로 인하여 신선처럼 살게 된다는 것을 뜻한다.

기계의 등장은 비단 인간의 노동을 줄이고 풍요로운 삶을 가능하게 하는 데 그치지 않았다. 기계에 의한 대량 생산은 생산량의 급속한 증가를 가져왔다. 각국은 생산 증가에 따른 잉여 상품을 외국으로 수출하고 부족한 물품을 수입했다. 이렇게 서로 빈번하게 교류하며 점차 대규모로 교역을 확대했다.

그리하여 세계는 급속도로 하나의 지구촌으로 통합되어 갔다. 그러나 실은 이 통합이란 불가피하고도 갑작스러운 것이었으며, 그런 만큼 수동적이면서 강압적이었다. 기계 문명은 재래 문명을 강제적으로 밀어냈고, 선택의 여지를 배제했다. 숨 막히는 획일성만이 인간을 압도했다.

적어도 겉으로 보기에 서양의 근대 문명은 과연 천국의 문명을 본받은, 더 없이 훌륭한 양상을 띠었고, 동서 문명의 통일과 지상 천국의 건설이라는 리치의 꿈은 훌륭히 실현된 것처럼 보였다.

그것은 인간의 의식주는 물론 삶의 기반 전체를 획기적으로 개선했기 때문에 이론(異論)의 여지가 없는 듯이 보였다. 그러나 그것은 어디까지나 근대 문명이 갖는 긍정적이고 밝은, 인류의 삶에 대한 순기능의 측면에서만 그렇다고 말할 수 있을 뿐이다.

모든 일은 밝은 면과 동시에 어두운 면을 가지기 마련이다. 근대 문명의 어두운 면은 이미 그 발흥기에 터져 나오고 있었다.

chapter 2

근대 문명의 고질병

과학과 문명이 제 아무리 발달하여도
인류의 고뇌를 해결하지 못한다.
'어떻게 하면 좀 더 행복해질 수 있을까' 하는
욕심 때문에 오늘도 인류의 고뇌는 그치지 않는다. – 지자경

물질과 사리에만 정통함

천상 문명의 왜곡

근대 문명의 병리적 징후는 도처에서 발견된다. 그 고질적 병
폐에 대해서 증산 상제는 다음과 같이 비판한 바 있다.

> 그러나 이 문명은 물질과 사리(事理)에만 정통하였을 뿐이요,
> 도리어 인류의 교만과 잔포(殘暴)를 길러 내어 천지를 흔들며
> 자연을 정복하려는 기세로 모든 죄악을 꺼림 없이 범행하니
> 신도(神道)의 권위가 떨어지고 삼계(三界)가 혼란하여... (『도
> 전』2:30:9~10)

증산 상제는 근대 문명을 일컬어 "이 문명은 물질과 사리에만 정통했다"고 진단했다. 그는 근대의 모든 부정적인 문제들이 바로 여기에서 비롯된다고 보았다.

근대 문명이 물질과 사리에만 정통했다는 것은 근대 과학이 자연의 법칙을 찾아내어 그것을 체계화, 학문화한 결과였다. 산업 혁명의 예에서 보듯이, 자연 과학의 급속한 발전과 잇따른 기계의 발명은 근대 문명의 발전에 크나큰 공헌을 했다. 그런데 문제는 이러한 발전이 단지 인간의 자신감을 키우는 데 그치지 않고 '교만과 잔포'를 길러내게 되었다는 점이다.

근대 문명의 급속한 발전이 몰고 온 이러한 부정적 결과는 천상의 신성한 문명과는 동떨어진 현상이 아닐 수 없다. 리치와 진묵을 비롯한 문명신들이 천상 문명을 본떠서 지상의 과학 문명이 발전될 수 있도록 한 것은, 동서가 화합하고 인류로 하여금 자연과 조화를 이루어 진정한 행복을 누리도록 하기 위함이었지 인류의 교만과 잔포를 길러내기 위함이 아니었다. 그럼에도 인류는 과학 문명의 발달에 도취되어 교만해진 나머지, 잔인하고 포악해진 것이다. 그리고 신도의 권위가 땅에 떨어졌다. 문명신들이 볼 때, 천국 문명을 본뜬 근대 문명은 그들이 꿈꾸었던 이상과는 정반대의 결과를 가져온 것이었다. 그것은 급성 전염병과도 같아서 인간의 힘으로는 어쩔 수 없었다. 마치 관성의 법칙과도 같이 부정적 측면으로 기운 근대 문명은 한 방향으로만 질주해 갔다.

과학만능주의에 대한 비판

근대의 시대정신을 종합적으로 파악했던 독일의 근대 철학자 헤겔(G. W. F. Hegel, 1770~1831)은 과학만능주의에 빠졌던 당시의 세태를 "우리 시대의 병"이라 개탄한 바 있다. 독일의 근대 문학자였던 괴테(J. W. v. Goethe, 1749~1832)를 중심으로 한 낭만주의 운동 역시도 정신의 위대함을 몰각한 근대의 물질주의적, 과학주의적 세태를 가차 없이 비판하고 새로운 대안 마련에 부심했다. 현대의 비판이론을 정초한 프랑크푸르트학파의 호르크하이머(M. Horkheimer)는 근대 이래 서양 사회를 지배해 온 이성을 "도구적 이성"(instrumentelle Vernunft)이라 비판하고 이에 대한 "자연의 반란"을 경고했다. 한편 동서양의 사상을 집대성한 미국의 현대 정신 철학자 켄 윌버(K. Wilber)는 근대 이래의 서양 과학이 계측할 수 있는 감각적 경험만을 인정하고 그렇지 못한 영혼의 존재를 부정했으며, 이것이야말로 근대 문명의 재앙을 일으킨 진앙이라고 통렬하게 비판했다. 이러한 모든 비판은 증산 상제가 진단한 "물질과 사리에만 정통"한 근대 문명의 위태로움을 웅변으로 증언하는 사례들에 지나지 않는다.

근대 과학의 편협성과 월권

도대체 왜 이러한 결과에 이른 것일까? 근대인의 사고 방식은 분명 지나치게 물질과 그 이치에만 편중된 측면이 있다. 정신과 신의 영역에 대해서는 소홀하고 무지하게 되어 과학으로써 하지 못할 일은 세상에 없다는 헛된 자부심에 사로잡혀 있었다. 신성의 결여, 바로 이것이 근대 이래 범지구적으로 만연된 과학주의, 과학만능주의가 안고 있는 본질적 병폐의 출발점이다.

근대 과학의 출발점은 지극히 합리적이라고 하지 않을 수 없다. 근대 과학은 모든 대상을 탐구하여 그 지배 법칙을 찾아내고, 이 법칙을 통해서 대상 세계를 남김없이 분석하고 인식할 수 있다고 확신한다. 법칙의 그물을 벗어나는 예외나 우연은 있을 수 없다고 본다. 자연 과학은 곧 법칙 과학이고, 원칙적으로 모든 학문은 법칙 과학이 되어야 한다는 것이 근대 학자들의 신념이었다. 예컨대 근대 고전 물리학을 완성한 뉴턴은 실험과 관찰을 바탕으로 중력, 질량, 관성, 가속도 등의 개념을 정립하고 이를 통해서 만유인력 법칙을 완성했다. 그는 운동 현상에서 자연의 힘을 탐구한 다음, 이 힘을 다른 현상에 적용시켜 설명했다. 그리고 이 법칙을 우주 전체에 적용시켜 가장 보편적인 법칙인 '만유인력의 법칙', '힘의 법칙'을 체계화했다. 이것은 분명 근대 과학의 위대한 성과라 할 수도 있다. 인간은 과학을 통하여 대상 세계를 정확하게 인식하고 이해하여 미래를 예측할 수 있고 또 이것을 자신의 생활에 응용할 수 있게 된 것이 사실이기 때문이다. 그러나 근대 과학에게는 일차적으로 겸손의 덕이 부족했다. 과학은 자신이 성취한 성과를 과장하고 절대화했다. 대상을 잘 이해할 수 있게 된 것을 과장하여 그것을 지배할 수 있고 또 그래야 마땅하다고 자만한 것이다. 증산 상제가 "인류의 교만과 잔포"라 진단한 점이 바로 이것이다. 과학은 대상 세계를 단순히 이해하는 데서 그치지 않고 일방적으로 조작하고 이용하며, 나아가서 파괴하고 약탈할 수도 있는 길을 태연히 제시했다.

서양의 과학과 문명이 "물질과 사리에만 정통했다"는 것은 곧 근대 이성의 편협성과 한계점에 대한 지적이라 할 수 있다. 서양의 이성은 신의 세계와 정신의 세계를 알지 못하거나 무시하는 데서 저절로 "교만과 잔포"를 동반하는 과학만능주의로 기울어지지 않을 수 없었을 것이다. 이에 대한 증산 상제의 지적에 감탄하지 않을 수 없다.

놀랍게도 증산 상제는 서양을 "기예"(技藝)로, 동양을 "조화"(造化)로 특징지었다.(『도전』4:10:4) 서양에는 기예(물질과 사리)가 발달했으며, 동양의 조화는 "서양인의 악행을 제어하는"(『도전』4:10:4) 역할을 한다고 했다. 서양의 문명은 "모든 죄악을 꺼림 없이 범행"(『도전』2:30:9)하므로 동양의 "조화" 문명으로 이를 제어하는 역할을 해야 한다는 것이다. 조화 문명은 바로 증산 상제가 여는 후천선경 문명을 가리킨다.

정복의 대상이 된 자연

근대 과학의 방법주의

이전 시대의 학문과 비교하여 가장 뚜렷하게 부각되는 근대 과학의 특징은 바로 '방법'에 대한 지대한 관심이다. 비단 근대 과학만이 아니다. 근대의 모든 학문의 분야에서 '방법'에 대한 관심은 지대했다. 근대 철학의 아버지로 추앙받는 데카르트는 『방법서설』에서 참된 방법과 진리의 관계를 밝혔다. 그는 수학과 자연 과학을 매우 중시했으며, 이를 철학하는 방법의 토대로 활용했다. 또한 영국 경험론의 창시자로 여겨지는 베이컨은 '지식이 곧 힘이다!'라는 모토 아래 자연에 대한 참된 인식의 방법론으로서 실험과 관찰의 중요성을 역설했다.

이렇게 형성된 방법주의는 모든 대상을 수동적 자연으로 고정시켰다. 그리하여 대상의 고유성을 무시하고 인간 이성의 편에서 조작했다. 심지어는 정신과 신의 영역 조차도 자연 대상과 같이 취급했다. 이것은 능률과 효용의 측면에서 긍정적일지는 몰라도 자율적인 대상에 폭력을 가하는 결과를 가져왔다.

자연 정복과 효율성

물론 이러한 방법주의를 통해서 근대 과학이 눈부시게 발전한 것은 어김없는 사실이다. 그러나 과학은 뒤를 돌아보고 그 병폐에 주의를 기울일 충분한 여유를 갖지 못했다. 오직 앞으로, 앞으로 나아가는 것만이 최대의 관심사일 뿐이었다. 근대 문명을 뒷받침하는 자연 과학, 특히 갈릴레이에서 시작하여 뉴턴에서 완성되는 고전 물리학은 결국 유물론적 기계론에 바탕을 두고 있다. 자연을 철두철미 물질과 그 운동으로만 이해하기 때문이다. 물론 자연과학자는 원칙적으로 자연을 순수하게 이해하고자 실험하고 관찰하여 법칙을 찾아내는 데 골몰한다. 그러나 그것을 응용하고 이용

데카르트(R. Descartes, 1596~1690) | 근대 학문의 방법론을 철학적으로 정초한 프랑스의 근대 철학자, 수학자. 대륙 합리론의 대표자. 이성을 철학의 제1원리로 설정했다.

하고자 하는 기술자나 사업가 혹은 일반인의 사고 방식은 여기에 머물지 않는 것이 보통이다. 그들은 자연을 순수하게 인식하는 일에는 무관심하고 오로지 효율적으로 그것을 지배하고자 할 뿐이다.

근대 고전 물리학을 완성한 뉴턴(I. Newton, 1642~1727) | 영국의 물리학자, 천문학자, 수학자, 자연철학자, 연금술사이며, 빛의 스펙트럼, 만유인력의 법칙, 미적분법과 3가지 새로운 운동 법칙을 발견했다.

근대인들은 자연을 지배하고 정복하는 것을 너무나 당연한 권리라고 여겼다. 마치 자연의 주인이라도 된 듯이 자연에 위해를 가하고 오로지 자신의 이익이라는 관점에서 사물을 바라본 것이다. 자연을 자신의 권위를 확인시켜 줄 대상으로 인식했다. 자연은 인간의 정복 대상, 그의 이기심을 충족시켜 줄 수단 그 이상도 이하도 아니었다. 결과적으로, 중세의 신성을 거부하는 근대의 이성은 자연을 합리적으로 지배하여 실리를 취하려는 방향으로 나아가고 말았던 것이다.

원래의 자연과 인간

자연이란 과연 인간만을 위해서 존재하는, 인간을 위한 수단에 지나지 않는 것일까? 결코 그렇지 않다. 예로부터 자연은 신성한 경배의 대상이었다.

동양에서 자연은 신비의 영역으로서 인간을 위한 전범(典範)의 역할을 해 왔다. 자연과 대립한다고 여겨지는 '문화'(文化)란 용어가 처음으로 등장하는 문헌은 중국 한대 중기의 『설원(說苑)』이다. 여기서 '문화'는 무력이나 형벌을 쓰지 않고 교화한다는 '문치교화'(文治敎化)의 뜻이다. '문'(文)은 인간의 육감에 감지된 자연물과 자연 현상에서 취한 상징적 표현으로서 '무늬', '문양'의 의미이다. 결국 자연은 인간의 삶을 선도하는 문화의 원형, 전범인 것이다.

한편 서양에서 자연은 본래 신의 피조물로서, 신의 분신으로서 인간과 동등한 지위를 가진 것으로 여겨졌다. 기독교는 태초에 하느님이 만물을 창조했다고 가르친다. 자연과 인간은 모두 신이 창조했다는 점에서 신의 아들인 셈이다. 그러므로 자연은 인간에 못지않은 신성(神性)을 가진다. 그러던 것이 중세를 지나 근대로 접어들면서 종교나 정신의 영역에서 벗어나 단지 과학과 경제의 대상, 나아가서 인간을 위한 지배와 정복의 대상으로 전락하고 만 것이다.

근대의 환경 재난

근대의 산업 발전과 자본 형성은 자연에 대한 훼손과 침해 없이는 불가능한 것이었다. 현재 대규모로 불거져 나오는 환경 재난의 뿌리는 바로 근대의 무분별한 자연 개발에서 비롯된 것이다. 이미 산업 혁명 당시 영국의 환경오염은 심각한 수준에 이르러 있었다.

프랑스의 저명한 사회분석가인 알렉시스 드 토크빌은 1835년의 맨체스터에 대해 "이 더러운 하수구에서 전세계를 비옥화하는 가장 위대한 인간 산업의 물이 흘러나온다. 이 더러운 하수구에서 순금이 흐른다. 여기서 인간은 가장 완벽한 발전을 이룩하고, 가장 잔인해진다. 여기서 문명은 기적을 낳고, 문명인들은 거의 야만인으로 변한다"고 말했다. 당시 한 무명객은 "5, 6층이나 되는 수백 개의 공장으로 가득 찼고, 각 공장은 검은 색의 석탄 연기를 내뿜는 높다란 굴뚝을 제각기 달고 있었다"고 말하면서 이 도시의 압도적인 인상을 토로했다.

인간의 폭력성과 근대 자본의 형성

자연을 정복과 지배의 대상으로 여긴 인간이 자연과 교섭하는 방법은 일방적이고 폭력적이다. 인간의 폭력성은 자연에 대한 폭력에서 만족을 얻지 못하고 다른 인간, 나아가서 다른 나라에 대한 폭력으로 나아간다. 그래서 과학 기술을 발전시킨 나라는 그렇지 못한 나라를 무력으로 침략하고 강제로 굴복시켜 상품을 강매하거나, 경제적 수탈을 자행하는가 하면 주민을 노예로 만들어 핍박했다. 그리하여 국가간에는 각축과 전쟁이 끊이지 않게 되었다. 타국에 대한 폭력과 약탈은 근대 자본의 비대화를 불러왔으며, 이는 다시 계층간의 차이를 크게 부각시켜 사회 내부의 분열로 이어졌다.

마르크스(K. Marx, 1818~1883) | 독일의 과학적 사회주의(마르크스주의) 창시자. 그의 문제작 『자본론』은 끝내 완성을 보지 못했으나 자본주의의 모순을 잘 그려내고 있다.

근대 자본의 형성은 가진 자와 가지지 못한 자, 자본가와 노동자로 사회를 양분시켰다. 자본가는 점점 더 잘 살게 되고 노동자는 점점 더 빈곤해졌다. 자본가는 점점 더 노동자를 억압하고 착취하므로 노동자들의 불만은 쌓여만 갔다. 『자본론』을 저술한 마르크스는 이러한 정황을 정확히

포착하여 인류의 역사를 자본가와 노동자간의 투쟁의 역사라고 본다. 근대 자본의 형성으로 인해 사회 양극화 현상이 벌써 시작되었던 것이다.

인간의 과도한 욕망과 원한의 증폭

더욱이 사회 구성원인 개인은 철저히 개인주의, 이기주의로 무장하여 자신의 권리만을 지나치게 내세우게 되었다. 사회 전체는 개인의 이기적 욕망으로 가득 찼다. 개인과 개인, 단체와 개인, 단체와 단체 사이에 끊임없는 분쟁과 불화가 야기되었다.

홉스(Th. Hobbes, 1588~1679) | 영국의 철학자, 정치사상가. 주저는 『리바이어던』(1651). 그는 국가를 구약성서의 '욥기'에 나오는, 죽지 않고 영원히 산다는 거대한 동물 리바이어던에 비유하여 설명했다.

근대의 경험주의 철학자 토마스 홉스(Th. Hobbes, 1588~1679)는 불후의 문제작 『리바이어던』에서 욕망을 가진 인간을 '늑대'로 묘사하며, 사회란 이기적 개인들이 펼치는 '만인의 만인에 대한 투쟁'이라 주장한다.

인간은 원래 욕망을 가진 존재이다. 그리고 욕망은 반드시 부정적인 것만은 아니다. 욕망이 없다면 살아갈 수조차 없을지도 모른다. 욕망은 인간을 살아가도록 하는 원동력이기도 하다. 증산 상제는 "원래 인간은 하고 싶은 일을 하지 못하면 분통이 터져서 큰 병을 이룬다"(『도전』 4:42:1)고 설파했다. 인간은 어떻게 보면 자신이 하고 싶은 것, 즉 욕망을 성취하기 위해서 산다고도 볼 수 있다. 그것이 거부되어 자신의 욕망이 좌절되면 생병이 난다는 것이다. 이처럼 욕망이란 인간의 삶에 있어서 결정적으로 중요한 것이다.

그러나 문제는 근대인의 욕망이 과거 그 어느 때보다도 과도하게, 그것도 체계적이고 조직적으로 분출되기 시작했다는 것이다. 사람은 원래 상황에 따라 때로 선하기도 하고 악하기도 한 것이 보통이다. 그러나 이제 사람은 과도한 욕망을 분출할 수 있는 사회적, 경제적 체계로 인하여 더욱 광범하고 강도 높게 사악한 성격을 드러내는 경향을 띠게 되었다.

그리하여 세상에는 날이 갈수록 자신의 욕망을 채우지 못했거나 남의 욕망으로 인하여 억울한 일을 당한 사람이 늘어만 갔다. 예컨대 산업 혁명 이후 이윤 추구를 목적으로 하는 기업은 앞 다투어 노동자를 고용하여 열악한 환경에서 일하도록 했고, 설상가상으로 임금을 낮추기 위해서 부녀자와 어린이를 대규모로 고용했다. 그들은 하루 14시간씩 노동하면서 성인 노동자의 3분의 1 혹은 6분의 1의 임금을 받았다. 마르크스는 자본 축적의 결과 부가 소수 자본가에게 집중되고 사회 전체적으로는 상대적 빈곤이 증가한다고 했다.

나아가서 또한 열강 제국은 아시아나 아프리카, 남아메리카 등을 침략하여 그들의 노동력과 자원을 침탈함으로써 빈곤은 세계화되어 갔다. 뿐만 아니라 가중되는 환경 오염과 토지의 지력(地力) 저하는 농촌 빈민층을 확대시켰다.

　이렇게 하여 근대 사회 이후 오늘날까지 인간의 원한은 날이 갈수록 증폭되고 심화되었다. 원한에 사무친 사람은 죽어서도 원한을 잊지 못하는 법이다. 증산 상제는 "원한이 맺히고 쌓여 삼계에 넘치매 마침내 살기(殺氣)가 터져 나와 세상에 모든 참혹한 재앙을 일으키며"(『도전』4:16:3), "상극의 원한이 폭발하면 우주가 무너져 내린다"(『도전』2:17:5)고 가르쳤다. 근대 문명이 산출해 낸 부조리와 원한은 우주를 무너뜨릴 정도로 심각한 위기 상황을 불러 일으켰다.

chapter 3

천지를 뜯어고쳐야 하리라

옛것을 그대로 지키고 있으면 몸을 망치고 새 기운을 취하면
몸도 영화롭게 되나니 나의 운은 새롭게 바꾸는 데 있느니라.

– 『증산도 도전』5:340:5

리치와 천지신명의 하소연

서두에서도 밝혔듯이, 마테오 리치는 지상 천국을 건설하기
위해 평생 봉사하는 삶을 살았다. 또한 죽어서 신이 되어서도
천상의 발달된 문명을 지상에 옮기는 데 혼신의 힘을 다했다.
그러나 근대 과학 문명은 인류에게 생활의 편리함 뿐만 아니라
온갖 재앙과 '겁액'(劫厄)을 안겨다 주었고, 우주를 무너뜨릴 정
도의 심각한 위기 상황을 불러 일으켰다.

이에 리치가 할 수 있었던 일이 무엇인가? 이에 대해서 『도
전』은 이렇게 전한다.

이마두(마테오 리치)**가 원시의 모든 신성과 불타와 보살들과 더불어 인류와 신명계의 큰 겁액을 구천에 있는 나에게 하소연하므로... 드디어 갑자년**(1864)**에 스스로 이 세상에 내려왔나니...**"(『도전』2:30:11~16)

리치는 근대 문명이 인류에게 던진 엄청난 도전과 충격을 해결할 아무런 방책을 찾을 수 없었다. 문제의 범위와 심각성이 이미 자신들이 할 수 있는 한계를 넘어선 것이다. 그리하여 오직 우주를 다스리시는 하느님만이 이 문제를 해결할 수 있다는 결론에 도달했다. 리치는 동서양의 문명신들과 천지신명들을 거느리고 전 우주를 통치하는 하느님에게 인류의 커다란 재앙을 물리쳐 달라고 하소연했다. 이리하여 우주의 주재자인 증산 상제가 이 땅에 인간의 몸으로 내려오게 된 것이다.

상제님의 강세와 선천문명 진단

인간으로 강세한 증산 상제는 인류를 향해 이렇게 선언한다.

선천은 상극(相克)**의 운**(運)**이라**

상극의 이치가 인간과 만물을 맡아 하늘과 땅에 전란(戰亂)**이 그칠 새 없었나니** (『도전』2:17:1~2)

내가 이제 후천을 개벽하고 상생의 운을 열어 선(善)**으로 살**

아가는 세상을 만들리라.(『도전』2:18:3)

내가 이제 천지를 개벽하여 하늘과 땅을 뜯어고치고 ... 조화 선경(造化仙境)을 열어 고해에 빠진 억조창생을 건지려 하노라.(『도전』5:3:2~4)

지상에 강세한 증산 상제는 인류가 처한 위기의 근본적인 이유가 지난날의 상극의 이치 때문이라고 하였다. 즉 천지가 처음 생겨나 지금까지는 인간 문명이 서로 이기려고 경쟁하고 대립하며 그리고 승자에 의해 발달을 해 왔다. 그러나 상극의 이치는 문명의 성장 발달을 이루게 한 이면에 패자의 가슴 속에 원한의 불씨를 심어준 것이다.

그리하여 증산 상제는 근대 문명이 몰고 온 인류의 대재앙을 물리쳐 파멸로 치닫고 있는 인류를 구원하기 위해 천지를 개벽하여 하늘과 땅을 새롭게 뜯어고쳤다. 그리고 미래에 전개될 역사의 진행 과정을 프로그램으로 짜 놓았다. 그가 행한 그 모든 일을 일러 '천지공사'(天地公事)라 한다.

천지공사란 문자적으로만 본다면 '하늘과 땅에 걸친 공적인 일'이라는 뜻이지만, 그 내용은 이 세상에서 인간을 불행하게 하고 불편을 주는 모든 환경과 자연, 그리고 문명의 구조는 물론 인간의 됨됨이마저도 바로잡는 엄청난 일을 말한다.

그러면 증산 상제가 천지를 뜯어고치고 여는 '조화선경'이란 어떤 세계이며, 장차 열리는 신문명은 어떤 경계일까?

현대의 첨단 문명과 그 한계

현 21세기를 대표하는 정보 기술은 머지않은 장래에 생활 주변의 모든 사물에 극미의 컴퓨터 칩을 내장하여 인간과 대상 세계의 상호 의사소통을 가능해지도록 할 전망이다. 그리하여 가전제품, 가구, 자동차 등 각종 생활용품에 정보 기술, 나노 기술, 생명공학 기술 등 인간중심의 컴퓨터 환경을 조성하는 유비쿼터스(Ubiquitous) 컴퓨팅이 보편화될 것으로 보인다.

정보 기술의 발달은 특히 생명 과학 분야에서 그 빛을 발하게 될 것이다. 최근 우리나라에서 줄기세포 복제 문제가 사회적 이슈로 된 일이 있다. 앞으로는 줄기세포 배양은 물론 유전자 지도를 손바닥 들여다보듯이 환히 꿰뚫어 인간과 모든 동식물의 질병을 근원적으로 치유할 수 있게 된다.

그리고 질병의 원인이 되는 유전자를 교체하거나 선택적으로 치료할 수 있기 때문에 인간의 수명은 지금과는 비교할 수 없을 정도로 늘어나게 된다.

오피스 네트워크

손목시계와 입는 컴퓨터

자동차 네트워크

전자상거래 네트워크

지능형 홈네트워크

'유비쿼터스'(Ubiquitous)란 '어디에나 있는'의 뜻이다. 유비쿼터스 컴퓨팅이란 미국의 제록스 팔로 알토 연구소의 마크 와이저 박사가 1988년 처음으로 만든 개념이다. 이는 환경과 대상물에 보이지 않는 컴퓨터가 심어져 이들이 서로 전자 공간으로 연결되어 정보를 주고받는 공간을 창조한다는 뜻이다.

지금까지 과학 기술은 빛의 속도에 접근할 수 있는 수단을 찾지 못하고 있다. 앞으로는 지구에 없는 신소재를 다른 행성으로부터 구할 수 있을 것이고, 또 중세에 활발하게 시도되었던 연금술이 실효를 거두게 될 수도 있을 것이다. 물질에 초고열을 가하여 원자의 배열을 바꾸면 새로운 물질을 만들 수 있기 때문이다. 이런 물질로 빛의 속도에 접근할 수단을 만들게 되면, 행성 간을 오가는 우주여행까지도 가능하게 될 전망이다.

또 최근 영국과 독일에서는 상용화를 목적으로 하늘을 고속으로 나는 오토바이와 비행 택시를 개발 중이다.

영화 『메트릭스』를 보면, 컴퓨터를 조작하는 주인공이 현실과 가상현실을 넘나든다. 가상공간에서

머지않아 상용화될 독일 스파크사(社)의 나는 오토바이 '팔브'(Palv)(위)와 영국 아브센사(社)의 비행 택시 '제트포드'(Jetpod)(아래) | 팔브는 1500m 상공에서 최대 시속 195Km로, 제트포드는 시속 560Km로 날 수 있다고 한다.

일어난 일이 실제 공간에서 일어난 일이 된다. 반대로 현실 공간에서 일어난 일이 가상공간의 일로 되기도 한다. 가상공간에서 죽도록 얻어맞은 상처가 실제의 상처이기도 하다. 주인공은 자유자재로 헬리콥터 조정법을 자신의 두뇌로, 두뇌에서 컴퓨터로 다운받고 전송한다. 메트릭스의 세계에서는 이처럼 현실과 가상의 영역 구분이 아주 희미하다.

나노 이론을 개척한 파인만(R. Feynman) 박사 | 1965년 양자 전기역학 분야에서 노벨 물리학상을 수상했다.

이는 극미의 세계인 나노 (Nano) 공간에서 이루어지는 나노 기술의 두뇌칩 이식과 비슷한 양상을 띤다. 현 단계의 나노 기술은 많은 부작용이 우려되는 수준에 머물고 있는 실정이다. 예컨대 인체에 있어서 머리카락 굵기의 10만 분의 1의 원자 세계에 투입된 로봇은 암을 유발하는 원자 알갱이를 골라 공격하게 되어 있으나 지금의 수준에서는 정상의 원자 알갱이도 공격의 대상으로 잘못 인식할 여지가 많은 것으로 과학자들은 우려하고 있다. 그래도 나노 기술이 정상적으로 발전한다면 머지않은 장래에 나노의 두뇌칩(Brain chip)이 인간의 두뇌에 이식되어 자신이 원하는 정보와 지식을 자유롭게 얻을 수 있을 것으로 전망을 한다.

그러나 이러한 현대 과학기술문명은 아무리 극도로 발달을 한다 할지라도 물질문명, 기계문명일 뿐이다. 기계나 물질의 힘을 빌리지 않으면, 인간은 그 어느 것도 이룰 수가 없잖은가.

신인합일의 만사지 문화

증산 상제가 여는 조화 문명세계는 어떤 기계나 물질의 힘을 빌리지 않고도 인간 스스로 조화로써 모든 것을 뜻대로 이루는 완전히 새로운 문명세계다. 증산 상제와 고 수부는 이러한 차원의 세상을 "선세계"(仙世界)라 표현했다.

운거(雲車)를 타고 공중을 날아 먼 데와 험한 데를 다니고... 하늘이 나직하여 오르내림을 뜻대로 하고... 수화풍(水火風) 삼재(三災)가 없어지고 상서가 무르녹아 청화명려한 낙원의 선세계(仙世界)가 되리라.(『도전』7:5:5~6)

개벽하고 난 뒤에는 좋은 세상이 나오리니, 후천 오만년 운수니라. 그 때는 사람과 신명이 함께 섞여 사는 선경세계가 되느니라.(『도전』11:111:1~2)

신과 인간이 어울려 조화를 이루는 신인상생(神人相生), 신인합일(神人合一)의 세상이 열린다. 바로 "사람과 신명이 하나가 되는 세상"(『도전』2:19:8)이다.

전에는 인간이 신명을 받들었으나 앞으로는 모든 일에서 신명이 "인간의 자유 욕구에 응하게"(『도전』7:5:9) 된다. 그리하여 "풍운조화(風雲造化)가 마음대로 되고 둔갑장신(遁甲藏身)이 하고자 하는 대로 이루어진다."(『도전』7:6:4)

이름하여 도술문명이다.

> 앞으로 세계 여러 나라들이 일어나 각기 재주 자랑을 하리니 큰 재주가 나올수록 때가 가까이 온 것이니라. 재주 자랑이 다 끝난 후엔 도술로 세상을 평정하리니 도술정부(道術政府)가 수립되어 우주일가를 이루리라." 하시니라.(『도전』7:8:1~2)

또 증산도 안운산 종도사의 『천지의 도 춘생추살』을 보면 어느 지역이 가물었다 할 경우, 그 필요한 양 만큼 인간이 조절하여 비를 내려 준다고 한다. 물론 신명이 수종을 들어서 내려 주는 것이다.

> 쓸 때가 되면 바람과 구름, 비와 이슬, 서리와 눈을 뜻대로 쓰게 되리니 일심혈심(一心血心)으로 수련하라. 누구나 할 수 있느니라.(『도전』11:117:6)

그리고 그 세계는 질병이 없어지고 인간이 불로장생을 한다.

> 후천에는 억조창생에게 병고가 없느니라.(『도전』9:87:5)
>
> 모든 백성의 쇠병사장(衰病死葬)을 물리쳐 불로장생(不老長生)

으로 영락을 누리게 하리니...(『도전』7:4:4)

또 인간의 영성이 고도로 비약하여 가만히 앉아서 만사를 알게 된다. 말을 하지 않아도 사람의 마음을 들여다보기 때문에 거짓이 없다. 신인합일의 만사지(萬事知) 문명이다.

인간이 무병장수를 누리고, 뜻대로 풍운조화를 부리며, 기계를 빌리지 않아도 가만히 앉아서 모든 것을 알고, 서로의 마음을 다 들여다보아 거짓과 죄악이 없는 세상. 인간과 신명은 물론 대자연과 인간, 인간과 인간의 벽이 다 허물어져서 영적인 대화를 통해 서로를 이해하고 함께 조화를 이루며 잘 사는 세상, 이야말로 마테오 리치가 그토록 건설하고자 한 지상천국이 아니겠는가!

인존 시대의 개막

그런데 앞 세상의 그 조화문명을 건설해 나가는 주인공은 결국 인간이다. 증산 상제는 "모사(謀事)는 재천(在天)이나 성사(成事)는 재인(在人)이니라"(『도전』 4:5:5)고 했다. 증산 상제가 천지공사로 짜 놓은 것을 인간의 손으로 이룬다는 것이다. 인간이 주인공이다. 신조차도 인간의 뜻을 받드는, 진정한 '인존'(人尊) 시대가 열린다.

천존(天尊)과 지존(地尊)보다 인존(人尊)이 크니 이제는 인존시 대니라.(『도전』2:22:1)

다가오는 인존 문화는 서양의 근대 계몽주의가 표방하는 휴머니즘과 일견 공통점이 있어 보이지만 근본적인 차이점이 있다. 근대 계몽주의는 인간의 이성에 의한 진리 인식을 통해서 인간의 존엄성이 확보된다고 믿었다. 계몽주의는 강조점을 너무나 인간의 이성에만 두는 바람에 상대적으로 자연 자체의 '권리'에는 소홀했다. 근대의 인간은 하늘과 땅에 앞서 독주했다. 반면 인존시대의 인간은 우주의 주인공으로서 스스로 하늘, 땅과 조화를 이루어 가는 주체이다. 그들을 일방적으로 지배하고 정복하는 것이 아니라 모두 함께 조화를 이루어 나가도록 주체적으로 노력하는 것이다.

하늘과 땅 그리고 인간을 아우르는 우주 전체의 주인공이 바로 인간이다. 우주 자체는 영성을 가진 존재로서 스스로의 이상과 목적을 실현하기 위해 한 순간도 멈추지 않고 순환하는 생명체이다. 인존시대에는 인간이 우주의 대역자(代役者)로서 우주를 새롭게 하고 우주의 이상을 실현해 갈 주인공의 역할을 하게 된다.

앞 세상의 인간은 수행을 통해 천지의 성신을 받아내려 인간의 본성, 신성을 온전히 회복함으로써 우주를 끌어안을 수 있는 무한한 포용력을 가진, 진정한 의미에서 만물의 영장이 된다.

글을 마치며

『도전』에 의하면, 마테오 리치는 살아서도 또 사후에서도 지상세계에 천국을 건설하고자 하는 문명 건설의 화신이다. 그는 지금 이 순간에도 하늘나라에서 여러 문명신을 거느리고 앞으로 열릴 신문명(후천문명) 건설을 위해 역사(役事)하고 있다.(『도전』 11:124:4)

리치의 삶을 역동적으로 만들었던, 그가 꿈에도 그린 '천국'은 본래 기독교의 이상향이었다.

세례 요한은 "천국이 가까웠으니 회개하라!"(『마태복음』3:2)고 외쳤다. 여기서 천국은 말 그대로 '저 하늘에 있는 나라' 라기 보다는 하느님의 사랑이 완벽하게 실현된 살기 좋은 세상을 뜻한다. 아우구스티누스(A. Augustinus, 354~430)가 말하는 '신국' (civitas dei) 역시도 천국과 유사한 개념이지만 '하늘에 있는 나라' 라는 뜻보다는 신의 사랑으로 맺어진 이상적인 사회라는 뜻이다. 이 사회에서는 신의 정의로움과 인류의 구원이 이루어진다는 것이다.

기독교의 존립 목적은 궁극적으로 천국에 가는 것, 혹은 천국을 건설하는 것이다. 그러나 기독교에서 말하는 천국이 과연 어떤 것인지, 그리 분명한 것은 아니다.

그럼에도 마테오 리치는 천국을 하늘 위가 아닌 지상에 건설할 수 있다고 확신했다. 이는 기독교 내부에서도 매우 혁신적인 입장이다.

내세에 하늘에 있는 천국을 약속하는 것은 지상에서의 삶을 수동적이고 노예적으로 만들 위험이 있다. 그러한 협소하고 독단적인 천국 개념으로 인해 인간의 삶은 왜소해지고 억압받을 수 있다. 그리고 그것은 예수가 전한 천국의 본래 의미와는 다른 것이다. 그러기에 마테오 리치는 천상이 아닌 지상에 건설되는 천국을 꿈꾸었으며, 이를 실현하기 위해 선교사의 길을 선택했던 것이 아닐까.

그가 택한 선교사의 길은 가톨릭 교회의 이념을 수동적으로 따른 것이 아니라 창조적으로 개척한 것이다.

나아가 그는 천국의 주인인 천주님을 중국이라는 이질적인 문명권에서 발견했다. 그는 『천주실의』에서 "우리가 말하는 하느님은 중국말로는 곧 상제라고 한다"(제2편)는, 동서 신관에 있어서 기념비적인 선언을 했다. 중국의 고전에 달통한 그가 동양의 정신을 추적한 끝에 내린 결론이었다. 그가 어릴 적부터 모셔 온 천주님은 동양인들이 말하는 상제와 단지 호칭만 다를 뿐 동일한 분이라는 깨달음에서 나온 선언이었다. 이는 리치가 후일 상제님과 깊은 인연을 맺을 수 있는 계기가 되며, 그의 삶의 과정에서 결정적 의미를 가진다. 그는 상제의 존재를 통해 동양의 정신이 참으로 심원함을 가슴 깊이 깨달았다. 그가 나중에 죽어 신명이 되어서 동양의 문명신과 도통신을 거느리고 서양으로 건너가 천국의 발달된 문명을 모방하여 지상에 근대 과학 문명을 건설한 것도 결코 우연이 아니다.

리치가 건설하게 한 서양의 근대 문명이 곧 천국의 문명을 본 뜬 것이라는 증산 상제의 말씀은 서양 근대의 문명사에 대한 전혀 새로운 해석의 지평을 열어준다. 이에 따르면 서양의 근대 과학과 문명은 단지 인간 이성의 산물이 아니며, 그 이면에 신들의 적극적인 활동과 개입이 있었다.

그러나 인간은 물질 차원에서만 만족을 희구하여 탐욕으로 인해 신성(神性)을 상실한 채 점차 교만해지고 잔학해졌다. 신을 부정하고 자연을 정복의 대상으로 삼으며 우월한 기술문명을 무기로 삼아 다른 인간, 다른 국가를 침해하고 약탈하는 등 온갖 죄악을 범행했다.

리치는 천지신명과 문명신을 비롯한 모든 신들을 거느리고 우주 주재자인 상제께 나아가 지상으로 오시어 인류의 대재앙을 풀어주시기를 간청했다. 상제는 리치신명을 데리고 지상으로 친히 강림하여 지상의 처절한 삶을 직접 목도하고, "천지공사"라는 금고불문(今古不聞)의 위대한 천지사업을 통해 인류를 구원한 방책을 마련했다.

이후 이 지상에서 이루어지는 현실 역사는 증산 상제의 천지공사 프로그램이 현실화 되는 과정이다.

그리하여 앞으로 이 지상에 전 인류가 한 가족 되어 잘 사는 신문명이 열린다. 조화선경, 현실선경이 열리는 것이다.

이제 리치 신부에 대한 말씀을 매듭 짓는다.

일찍이 문명화된 서양에서 중국으로 건너와 지상에 천국을 건설하려 했던 푸른 눈의 리치 신부. 그는 죽어서도, 살아서 이루지 못한 천국을 건설하려고 동양의 문명신을 거느리고 서양에 가서 천상의 문명을 따내려 지상의 과학자들에게 알음귀를 열어준다. 그리하여 서양의 과학문명이 급속도로 발달하게 되었다.

그러나 그 문명은 물질에만 치우친 나머지 인류의 교만과 잔포를 길러내어 결국 천지가 병들고, 이에 인류는 파멸로 치닫게 되었다. 천상의 리치는 다른 신성 불보살들과 논의를 해 보았으나 해결할 아무런 방법이 없음을 깨닫고, 천지의 원 주인이신 옥황상제께 인류 구원을 하소연하였다.

이에 인간으로 강세한 증산 상제는 천지공사로써 인류를 건져 신천지 선(仙)문명이 지상에 열릴 수 있도록 이정표를 짜 놓고, 리치 신부의 공덕을 인정하여 신명계의 우두머리로 삼았다.

다시 말해서 리치 신부는 신명계의 주벽으로서 증산 상제의 후천선경 건설에 역사하고 있다. 결국, 장차 열리는 지상선경, 지상천국은 증산 상제의 명을 받은 리치 신부의 피땀 어린 노력으로 이루어지는 것이다. (끝)

마테오 리치 연표

1552년 10월 6일, 이탈리아 교황령 마체라타(Macerata)에서 13 남매 중 장남으로 출생. *사베리오(F. Xaverius)가 산천도(山川島)에서 죽음.

1561~68년 마체라타 예수회에서 설립한 초등학교에서 수학.

1565년 *마카오(Macao)에 처음으로 예수회(Societas Jesu)의 근거지가 구축됨.

1568년 법학을 공부하기 위해 로마로 감.

1571년 8월 15일, 법학 수업을 중단하고 성 안드레아 수도원의 수련 수사가 됨. 성모승천일에 예수회에 가입.

1572년 예수회 로마 대학(Colegio Roma)에 입학.

1572~73년 토스카나 지방의 예수회 플로렌스(Florence) 대학에서 수학(修學).

1577년 *발리냐노(A. Valignano)가 중동과 극동의 예수회 총순찰사로 임명되어 유럽을 출발, 현지로 향함.

1573~77년 하느님께 첫 번째로 서약을 함. 플로렌스(토스카나)에서 몇 달간 수학 후 로마대학 인문학부에서 수학.

1577년 여름, 동양 선교를 위해 포르투갈 북부에 있는 코임브라 대학교에서 6개월간 포르투갈어와 신학을 공부함.

1578년 3월, 포르투갈 국왕 세바스치앙(Sebastian)을 알현하고 리스본을 출발하여 9월 인도의 포르투갈 식민지인 고아(Goa)에 도착.

1579년 고아에서 신학 수업을 마치고 서양 고전어를 강의함. *루기에리(M. Ruggieri)가 마카오에 도착함.

1580년 포르투갈령 인도의 남부 도시 코친(Cochin)에서 사제 서품을 받음.

1581년 고아로 돌아옴. 예수회 동양 선교 책임자인 발리냐노가 중국 본토로 들어가려는 루기에리를 돕기 위해 리치를 중국의 마카오로 갈 것을 명령. *루기에리가 파지오와 함께 조경(肇慶)에 들어감.

1582년 4월 26일, 고아를 출발하여 8월 7일 마카오에 도착.

1583년 2월 5일, 조경에 들어갈 허락을 얻지 못함. *루기에리와 파지오가 정착 허가를 얻지 못하고 마카오로 돌아옴. 9월 10일, 루기에리와 함께 중국 조경에 들어가 정착. 이는 중국 기독교 선교의 선구가 됨. 중국어와 중국 문화 학습에 주력. 루기에리와 함께『포이한사서(葡伊漢辭書)』를 만듦.

1584년 루기에리가 '십계'를 번역한『조전천주십계(祖傳天主十戒)』를 목판으로 인쇄.『여지산해전도(輿地山海全圖)』제작, 해적판이 조경에서 인쇄됨.

1588년 11월 15일, *루기에리가 교황의 외교 특사를 중국 황제에게 파견하도록 할 계획으로 로마로 돌아갔으나 성사되지 않음.

1589년 8월 3일, 신임 광동 총독이 예수회 회원들을 조경에서 추방함. 8월 26일, 소주(韶州)에 정착. 구태소(瞿太素)와 교분을 맺고 교리, 학문, 사상을 교류함.

1591년 사서(四書)의 라틴어 번역에 착수.

1592년 집에 강도가 침입하여 피하다 넘어져 다리를 다침. 구태소의 초청으로 남웅(南雄)을 여행함. 거기서 관리, 지식인, 상인을 사귐. 승려 행각을 중단. 마카오로 일시 귀환.

1593년 교리 문답서를 중국어로 쓰기 시작함. 남경 예부상서 왕충명(王忠銘)이 후원자가 됨.

1594년 사서의 라틴어 번역을 완성하여 예수회 선교사들에게 중국을 이해시키기 위한 교재로 사용. 승려복 대신에 유자(儒者)의 복장을 함.

1595년 5월 중순, 병부시랑(兵部侍郎) 석성(石星)의 도움으로 북경행을 시도하기 위해 운하를 통해 남경을 향하다가 배가 난파됨. 남창을 거쳐 남경에 도착. 6월, 남경에서 추방당해 남창으로 돌아가 정착. 8월, 건안왕(建安王)의 식사 초대를 받음. 11월 첫 한문 저작 『교우론』 저술. 최초로 유럽 'Europa'를 '구라파'(歐邏巴)로 표기.

1596년 수고(手稿)로 『기법(記法)에 관한 논고』를 저술. *예수회 선교사들이 소주에서 처음으로 서광계(徐光啓)를 만남.

1597년 8월, 하느님께 영원한 수종을 맹세함. 예수회 중국 선교 책임자로 임명됨.

1598년 7월, 왕충명과 함께 남경에 감. 9월, 북경에 도착했으나 때마침 조선에 임진왜란이 일어나 외국인에 대한 경계심으로 인해 정착할 수 없었음.

1599년 소주에 도착. 2월, 남경에 정착. 삼회(三淮) 스님과 논쟁. 『25언』 초고 집필.

1600년 『여지산해전도(輿地山海全圖)』 제2판을 출간. 명 황제 만력제에게 바칠 진공품을 가지고 북경을 향하던 중 예수 십자

가상을 황제를 저주하려는 주물(呪物)로 오인한 악명높은 환관 마당(馬堂)에 의해 천진(天津)의 한 사당에 억류됨.

1601년 1월 24일, 황제로부터 북경의 황궁으로 들어오라는 명을 받고 제2차 북경 진입. 황제에게 선물을 진공. 황제를 위하여 『클라비코드 8곡[西琴曲八章]』 작사. 3~5월, 북경의 영빈관인 사이관(四夷館)에 체류. 5월 28일, 자명종을 수리한다는 명목으로 북경 거주 허가를 받음. 풍응경(馮應京), 이지조(李之藻) 등과 친교를 맺음.

1602년 이지조의 도움으로 『곤여만국전도』 제3판을 발행. *포르투갈의 예수회 선교사 고에스(B. d. Goes)가 카타이(Catai)를 찾아 인도의 아구라를 출발.

1603년 교리문답서인 『천주실의』 출간. 『곤여만국전도』 제4판 발행.

1604년 『교우론』 제2판, 『25언』 제2판 발행.

1605년 『25언』 인쇄. 북경에 선교사 전용 주거지를 마련. *연말, 고에스가 중국의 산서성 소주(蘇州)에 도착.

1606년 1월 6일, *발리냐노가 마카오에서 사망. 서광계와 더불어 유클리드 기하학을 한역한 『기하원본(幾何原本)』 집필에 착수. 소주에 있는 고에스에게서 편지가 도착.

1607년 서광계와 공동으로 『기하원본』 전반부 6권을 출간. *루기에리 사망.

1608년 『기인십편(畸人十篇)』 출간. 예수회의 중국 선교사(宣敎史)를 모국어인 이탈리아어로 기술하는 『보고서(중국의 예수회와 기독교에 관한 보고)』를 집필하기 시작함. 만력제의 희망에 따라 『곤여만국전도』 신판을 출간.

1609년 *중국 최초로 '성모 마리아회' 창립.

1610년 4월, 유럽 건축 양식으로 북경에 성당을 건축하기 시작함. 5월 초, 병상에 누움. 5월 8~9일, 고해성사를 함. 5월 10일, 종부성사를 받음. 5월 11일 저녁, 향년 58세를 일기로 별세. 중국 역사상 처음으로 황제가 서양인을 위해 묘지를 하사함.

1611년 리치의 관이 책란(柵欄) 묘지로 옮겨짐.

1615년 『보고서』의 라틴어 번역이 간행됨.

1617년 『보고서』의 프랑스어 번역이 간행됨.

마테오 리치의 주요 저술

1. 『기인십규(畸人十規)』, 조경 1584

2. 산해여지전도(山海輿地全圖), 조경 1584

3. 『사서(四書)』(번역), 소주 1594

4. 『교우론(交友論)』, 남창 1595

5. 『서국기법(西國記法)』, 남창 1595

6. 세계도지(世界圖誌), 남창 1595

7. 산해여지전도(山海輿地全圖) 2판, 소주 1595

8. 세계도기(世界圖記), 남창 1596

9. 『사행설(四行說)』, 남경 1598

10. 산해여지전도(山海輿地全圖) 3판, 남경 1600

11. 『소주(疏奏)』, 북경 1601

12. 『클라비코드 8곡(西琴曲八章)』, 북경 1601

13. 곤여만국전도(坤輿萬國全圖), 북경 1602

14. 곤여만국전도(坤輿萬國全圖) 2판, 북경 1603

15. 양의현람도(兩儀玄覽圖), 북경 1603

16. 『천주실의(天主實義)』, 북경 1603

17. 산해여지전도(山海輿地全圖) 4판, 귀주 1604

18. 『이십오언(二十五言)』, 북경 1604

19. 『서자기적(西字奇蹟)』, 북경 1605

20. 『건곤체의(乾坤體義)』, 북경 1605

21. 혼개통헌도설(渾蓋通憲圖說), 북경 1607

22. 『기하원본(幾何原本)』, 북경 1607

23. 『제지(齊旨)』, 북경 1608

24. 『기인십편(畸人十篇)』, 북경 1608

25. 곤여만국전도(坤輿萬國全圖) 3판, 북경 1608

26. 『변학유독(辯學遺牘)』, 북경 1609

27. 『동문산지(同文算指)』, 북경 1614

28. 『중국 천주교 도입사』, 로마 1615

29. 『측량법의』, 『측량이동』, 『구고의(句股義)』, 북경 1617

본서의 참고 문헌

증산도 도전 간행위원회, 『증산도 도전』, 서울: 대원출판 2003

안경전, 『증산도의 진리』, 서울: 대원출판 2002

안경전, 『개벽 실제상황』, 서울: 대원출판 2005

안운산, 『새시대 새진리』, 서울: 대원출판 2001

안운산, 『天地의 道 春生秋殺』, 서울: 대원출판 2007

이광래, 『한국의 서양사상 수용사』, 서울: 열린책들 2003

마테오 리치 지음, 송영배 외 역, 『천주실의』, 서울: 서울대학교출판부 1999

소현수, 『마테오 리치』, 서울: 서강대학교출판부 1996

라이프니츠 지음, 배선복 옮김, 『모나드론 외』, 서울: 책세상 2007

빈센트 크로닌 지음, 이기반 옮김, 『서방에서 온 현자』, 왜관: 분도출판 1994

서양자, 『16세기 동양선교와 마테오 리치 신부』, 서울: 성요셉출판사

라이프니츠 지음, 이동희 편역, 『라이프니츠가 만난 중국』, 서울: 이학사 2003

히라카와 스케히로 지음, 노영희 옮김, 『마테오 리치. 동서문명교류의 인문학 서사시』, 서울: 동아시아 2002

김현일, "마테오 리치와 동서양 문명 교류", 『증산도사상』 제3집, 서울: 대원출판 2000

송영배, "『천주실의』와 토착화의 의미", "유교와 기독교의 충돌과

대화의 모색", 송영배 역주, 『교우론, 스물다섯 잠언, 기인
십편』, 서울: 서울대학교출판부 2000

송영배, "마테오 리치의 전교활동의 개략과 그의 유교관", 송영배
역주, 『교우론, 스물다섯 잠언, 기인십편』, 서울: 서울대학
교출판부 2000

Hoffmann-Herreros, J., *Matto Ricci, Den Chinesen
Chinese sein-ein Missionar sucht neue Wege*, Mainz
1990

Keller, U.(Hrsg.), *Reisende in China seit 630*, Wien
2006

H. Butz/R. Cristin(Hrsg.), *Philosophie und Spritualitaet
bei Matteo Ricci*, Berlin 2007

R. Finster/ G. v. d. Heufel, *Gottfried Wilhelm Leibniz*,
Hamburg 1993

Hoenicke, A., "Die religioese Akkommodation des
Pater Matteo Ricci", Grin-Verlag fuer akademische Texte

마테오 리치에 관한 국내외 참고 문헌

1. 국내 단행본

마테오 리치, 이수웅 역, 『천주실의』, 분도출판 1984

마테오 리치 지음, 송영배 역, 『천주실의』, 서울대출판부 1999

마테오 리치, 송영배 역주, 『교우론 외 2편; 교우론, 스물다섯 마디 잠언, 기인십편 연구와 잠언』, 서울대출판부 2000

강재언, 『조선의 서학사』, 민음사 1990

금장태, 『한국유학의 心說: 심성론과 영혼론의 쟁점』, 서울대출판부 2003

빈센트 크로닌 지음, 이기반 역, 『서방에서 온 현자. 마테오 리치의 생애와 중국 전교』, 분도출판 1994

송영배, 『동서 철학의 교섭과 동서양 사유 방식의 차이』, 논형 2004

이광래, 『한국의 서양사상 수용사』, 열린책들 2003

이원옥, 『천주실의에 나타난 마테오 리치의 신학사상』, 국민대학교 1997

이관숙, 『기독교와 중국문화의 충돌』, 쿰란출판사 1997

조너선 D. 스펜스 지음, 주원준 역, 『마테오 리치: 기억의 궁전』, 이산 1999

조현수, 『마테오 리치: 동양과 서양의 정중한 만남』, 부록: 조현수 역, 『마테오 리치의 이십오언』, 서강대출판부 1996

주겸지, 『중국이 만든 유럽의 근대: 근대 유럽의 중국문화 열풍』, 청계 2003

히라카와 스케히로 지음, 노영희 역, 『마테오 리치: 동서문명교류의 인문학 서사시』, 동아시아 2002

2. 국내 논문

김기협, 「마테오 리치의 중국관과 補儒易佛論」, 연세대(박사논문) 1993

김동소, 「이마두의 중국 선교와 보유론」, 카톨릭대(석사논문) 1974

김상근, 「마테오 리치의 '천주실의'에 나타난 16세기 후반 예수회 대학의 교과과정과 예수회 토미즘」, 『한국기독교신학논총 (Vol. 40)』 2005

김상근, 「복음과 문화의 관계를 새롭게 해석한 마테오 리치」, 기독교 사상 제49권 제2호 통권 554호(2005. 2) 2005

김재영, 「유교와 '천주실의'에 나타난 천관 비교 연구」, 한국교원대(석사논문) 2004

김현일, 「마테오 리치와 동서양 문명 교류」, 『증산도사상』제3집, 대원출판 2000

나일수, 「'천주실의'와 다산의 세계관」, 『교육사학연구(vol. 2-3 No.-)』 1990

박영신, 「마테오 리치의 적응주의적 선교방법에 관한 일고찰」, 숙명여대(석사논문) 1995

박종명, 「마테오 리치의 천주이해와 한국인의 하느님 이해」, 한신대(석사논문) 1997

손은석, 「동서 사상의 융합적 측면에서 '천주실의'의 존재론적 한계와 극복방안: 천주존재증명부분을 중심으로」, 대전가톨릭대(석사논문) 2006

송영배, 「마테오 리치의 전교 활동의 개략과 그의 유교관」, 마테오 리치 지음, 송영배 역주, 『교우론 외 2편; 교우론, 스물다섯 마디 잠언, 기인십편 연구와 잠언』, 서울대출판부 2000

송영배, 「'천주실의'와 토착화의 의미」, 마테오 리치 지음, 송영배 역주, 『교우론 외 2편; 교우론, 스물다섯 마디 잠언, 기인십편 연구와 잠언』, 서울대출판부 2000

송영배, 「유교와 기독교의 충돌과 대화의 모색. '천주실의'의 분석을 대상으로」, 마테오 리치 지음, 송영배 역주, 『교우론 외 2편; 교우론, 스물다섯 마디 잠언, 기인십편 연구와 잠언』, 서울대출판부 2000

송영배, 「'천주실의'의 내용과 그 의미」, 『철학사상(Vol.-No. 5)』 1995

송영배, 「마테오 리치의 서학과 한국 실학의 현대적 의미」, 대동문화연구 제45집(2004. 3) 2004

서양자, 「15세기 이전에 동방에 온 전교자」, 계성출판사 1986

신복룡, 「천주학의 전래와 조선조 지식인의 고뇌: 마테오 리치를 유념하면서」, 한국정치학회보 31, 2('97. 9) 1997

신용철, 「이탁오와 마테오 리치의 교우에 관하여」, 『명청사연구(Vol. 3 No. 1)』2001

왕여순(汪汝淳) 지음, 송영배 역, 「'천주실의' 재판의 발문」, 마테 오 리치, 송영배 외 역, 『천주실의』, 서울대출판부 1999

윌리엄 캐스터, 「상제에 관한 마테오 릿치의 비교연구」, 서울대(석 사논문) 1991

이선화, 「마테오 리치의 중국선교와 유교 수용」, 경북대(석사논문) 1996

이익(李瀷) 지음, 송영배 역, 「'천주실의' 발문」, 마테오 리치, 송영 배 외 역, 『천주실의』, 서울대출판부 1999

이광호, 「사제관을 중심으로 본 유학과 기독교의 만남」, 유교사상 연구 제19집(2003.8) 2003

이수웅, 「'천주실의' 연구 서설」, 『안동대학교논문집(Vol. 5 No. 1)』 1983

이광호, 「상제관을 중심으로 본 유학과 기독교」, 『유교사상연구 (Vol. 19 No-)』 2003

유은식, 「마테오 리치의 중국인식과 적응주의 선교방법론 고찰」, 효성카톨릭대(석사논문) 1998

쟈끄 제르네 지음, 송영배 역, 「중국적 사유와 서양적 사유. 언어 의 차이와 사유의 차이」, 마테오 리치, 송영배 역주, 『교우 론 외 2편; 교우론, 스물다섯 마디 잠언, 기인십편 연구와 잠언』, 서울대출판부 2000

채억곤, 「맛테오 리치의 유학관: 보유의 태도를 중심으로」, 고려대 (석사논문) 1987

최석우, 「'천주실의' 에 대한 한국 유학자의 견해」, 『동아연구(Vol. 3 No.-)』 1983

한연정, 「마테오 리치와 교류한 漢人士大夫에 대한 고찰」, 이화여

대(석사논문) 2000

한자경, 「18세기 조선 유학자들의 '천주실의' 비판」, 『철학연구 (Vol. 69 No. 1)』 2005

황종렬, 「마테오 리치의 천」, 『한국종교연구(Vol. 6)』 2004

황준연, 「조선 후기 신유학과 서학의 세계관에 대한 차이점」, 범한 철학 제4집(2006. 가을) 2006

3. 한문 자료

利瑪竇, 『天主實義』, 臺北(國防研究員/中華大典編印會編), 影印本 1967

利瑪竇, 『乾坤體義』, (宋維錚 主編, 『利瑪竇中文著譯集』, 上海: 復旦大學出版社, 2001)

李之藻(編), 『天學初函』, 臺北(學生書局), 影印本 1965

劉俊餘/王玉川(共譯), 『利瑪竇全集』, 臺北(光啓出版社) 1986

『破邪集(1639)』, 日本版 影印本 1855

胡國楨, 「『天主實義』的 天主論」, 『神學論集』 56호, 臺北(輔仁大學附設神學院) 1983

胡國楨, 簡介 「天主實義」, 『神學論集』 56호, 臺北(輔仁大學附設神學院) 1983

岳雲峯, 「『天主實義』的 靈魂論」, 『神學論集』 56호, 臺北(輔仁大學附設神學院) 1983

朴東陽, 「有關利瑪竇所 著『天主實義』與『奇人十編』的幾個問題」, 『大陸雜誌』, 第56卷 第一期, 臺北 1978年 一月

徐宗澤, 『明淸間耶蘇會士譯著提要』, 臺北(中華書局), 影印本 1989

孫尙揚, 『明末天主敎與儒學的 交流和衝突』, 臺北(文津出版社) 1992

牟宗三, 「四因說」 演講錄, ---刊 第20卷 第3期(總號第231) 1994

陣榮健, 『宋明理學之槪念與歷史』, 中央硏究院文哲硏究所(臺北) 1996

艾儒略, 「大西西泰利先生行蹟」, 『明淸天主敎文獻』, (鍾鳴旦/杜鼎克 偏),
　　　　臺北利氏學社 2002

4. 영어 자료

Ricci, M., *China in the Sixteenth Century: The Journals of
　　　　Matthew Ricci 1583~1610*. Translater from the Latin
　　　　of Nicolas Trigaults, S. J. by Louis J. Gallagher, S. J.
　　　　New York 1953

-, *Opere storiche*. 2 vols. Edited by Pietro Tacchi Venturi, S.
　　　　J. Macerata 1911~1913

-, *T'ien-chu shih-i(The True Meaning of the Lord of Heaven)*.
　　　　Chinise Editions

Bangert, W. V., *A history of the Society of Jesus*, The
　　　　Institute of Jesuit Sources, St. Louis 1972

Bernard, H., *Matteo Ricci's Sciencific Contribution to
　　　　China*, 1973

Campbell, Th. J., *The Jesuits 1534~1921*, Boston(Milford
　　　　House) 1971

Cary-Elwes, C., *China and the Cross*, New York(Kenedy
　　　　and Sons) 1957

Cronin, V., *The Wise Man from the West: Matteo Ricci and
　　　　his Mission to China*, 1955

Dunne, G. H., Generation of Giants: "The Story of the Jesuits in China in the Last Deceadea of the Ming Dynasty", 1962

Gallagher, J., *Matteo Ricci: Apostle of China*, 1980

Gallagher, L., *China in the Sixteenth Century: The Jounals of Matteo Ricci, 1583~1610*, New York 1953

Gilles, L., *Translations from the Chinese world map of father Ricci,* 1969

Grenham, Th., *The Unknown God Religious and Theological Interculturation*, Bern 2005

Harris, G. L., *The Mission of Matteo Ricci, S. J.: A case study of an effort at guided culture change in China in the sixteenth century*, 1966

Jernet, J., *China and the Christian Impact: A Conflict of Cultures*. Trans. by Lloyd, J. Cambridge University Press 1985

Kim, Sangkeun, *Strange Names of God: The Missionary Translation of the Divine Name and Chinise Responses to Matteo Ricci's "Shangti" in Late Ming China*, 1583~1644, 2005

Krahl, J., *China Missions in Crisis*, Gregorian University Press 1964

Lancashire, D./Hu Kuochen(Trans.), *The True Meaning of the Lord of Heaven*, Taipei(The Ricci Institute)/ Univ. San Francisco 1985

Larser, D., *Stiching Porcelain: After Matteo Ricci in 16th Century China*, 1991

Lawlor, R. V., *The basic strategy of Mattew Ricci S. J. in the Chistianity to China*, 1951

Ley, S., "Madness of the Wise: Ricci in China", in: The Burning Forest, 1983

Marti, M., *Jesuits*, 1988

Mungello, *Curious land: Jesuit accommodation and the origins of sinology*, Stuttgart 1985

Needham, J., *Science and Civilization in China*, Cambridge Press 1961

Neill, S., *A History of Christian Missions*, 2d edition London: Penguin Books 1986

Raguin, Y., *Father Ricci's presentation of some fundamental Buddhism*, 1969

Ricci, M., *The True Meaning of the Load of Heaven*, Ricci Institute, Taipei 1985

Richards E. G., *Mapping Time: The Calendar and Its History*, 2000

Rule, P. A., *K'ung-tzu or Confucius: The Jesuit Interpretation of Confucianism*, Sidny(Allen Union) 1986

Spalatin, Ch. A., *Matteo Ricci's use of Epictetus*, 1975

Spalatin, Ch. A., *Matteo Ricci's Use of Epictetus*, Waegwan, Korea 1975

Spence, J. D., *The Memory Palace of Matteo Ricci*, New York 1984

Standaert, N., *Yang Tingyun, Confucian and Christian in Late Ming China*, E. J. Brill, Leiden 1988

Venturi, P. T., *A mandarin Jesuit: Father Matteo Ricci, S. J., the first herald of Christianity in cina in modern times*, 1936

Young, J. D., *East-west synthesis: Matteo Ricci and Confucianism*, 1980

-, *Confusianism and Christianity*, Hong Kong Univ. Press 1983

4. 독일어 자료

Bettray, J., *Die Akkomodationsmethode des P. Matteo Ricci in China*(AnalGerg76) 1955

Haas, H., *Geschichte des Christentums in Japan*, Tokyo 1902

Hoenike, A., *Die Chinamission des Pater Matteo Ricci*, 2001

—, *Die religioese Akkommodation des Pater Matteo Ricci*, 2001

Hoffmann-Herreros, J., *Matteo Ricci. Den Chinesen Chinese sein — ein Missionar sucht neue Wege*, Mainz 1990

Meingast, M., *Matteo Ricci — dem Fremden ein Vertrauter und dem Vertrauten ein Fremder werden*, 2005

Struemer, E., *Vorstoss zum Drachenthron. Matteo Ricci 1552-1610. Der Mandarin des Himmels in China*, 1978

Ulich, K., *Reisende in China seit 630. Ein kulturhistorisches Lesebuch*, Wien 2006

Voigt, U., *Esels Welt. Mnemotechik zwischen Simonides und Harry Lorayne*, 2001

선천 종교와 정치·경제·역사 등 동서문화의 전영역을 두루 수용하고
후천 5만년 통일문화의 놀라운 비전을 제시하는

道典

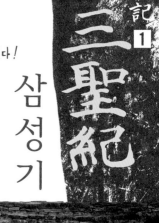

인류 문명 전환의 결정판 !

장차 전 지구촌을 휩쓸 질병대란에서
나를 지키고 가족을 지키는 책

생존의 비밀

the *Secret*

우리 시대 최고의 화두는
부도 명예도 권력도 아니다.
그것은 바로
생존_Survival_이다.

| 안경전 지음 | 46판 | 266쪽 | 하드카바 | 전면칼라 | **상생출판**